AF547235

HINDENBURG AUF DEM KYFFHÄUSER

Matthias Steinbach

HINDENBURG AUF DEM KYFFHÄUSER

oder

Wie entsorgt man deutsche Geschichte?

mitteldeutscher verlag

Gedruckt mit freundlicher Unterstützung der Gesellschaft der Freunde und Förderer der Friedrich-Schiller-Universität Jena sowie der Gerd und Irmela Biegel Stiftung für Geschichtsvermittlung Braunschweig

Matthias Steinbach, geb. 1966, lehrt Geschichte an der Technischen Universität Braunschweig. Zuletzt erschien von ihm im Mitteldeutschen Verlag: „Also sprach Sarah Tustra. Nietzsches sozialistische Irrfahrten“, Halle 2020.

Freigelegte Hindenburg-Statue von Hermann Hosaeus in der Nähe des Kyffhäuser-Denkmals

Bibliografische Information der Deutschen Nationalbibliothek
Die Deutsche Nationalbibliothek verzeichnet diese Publikation in der Deutschen Nationalbibliografie; detaillierte bibliografische Daten sind im Internet über http://dnb.dnb.de abrufbar.

1. Auflage

www.mitteldeutscherverlag.de

Gesamtherstellung: Mitteldeutscher Verlag, Halle (Saale)

ISBN 978-3-96311-922-4

Printed in the EU

Inhalt

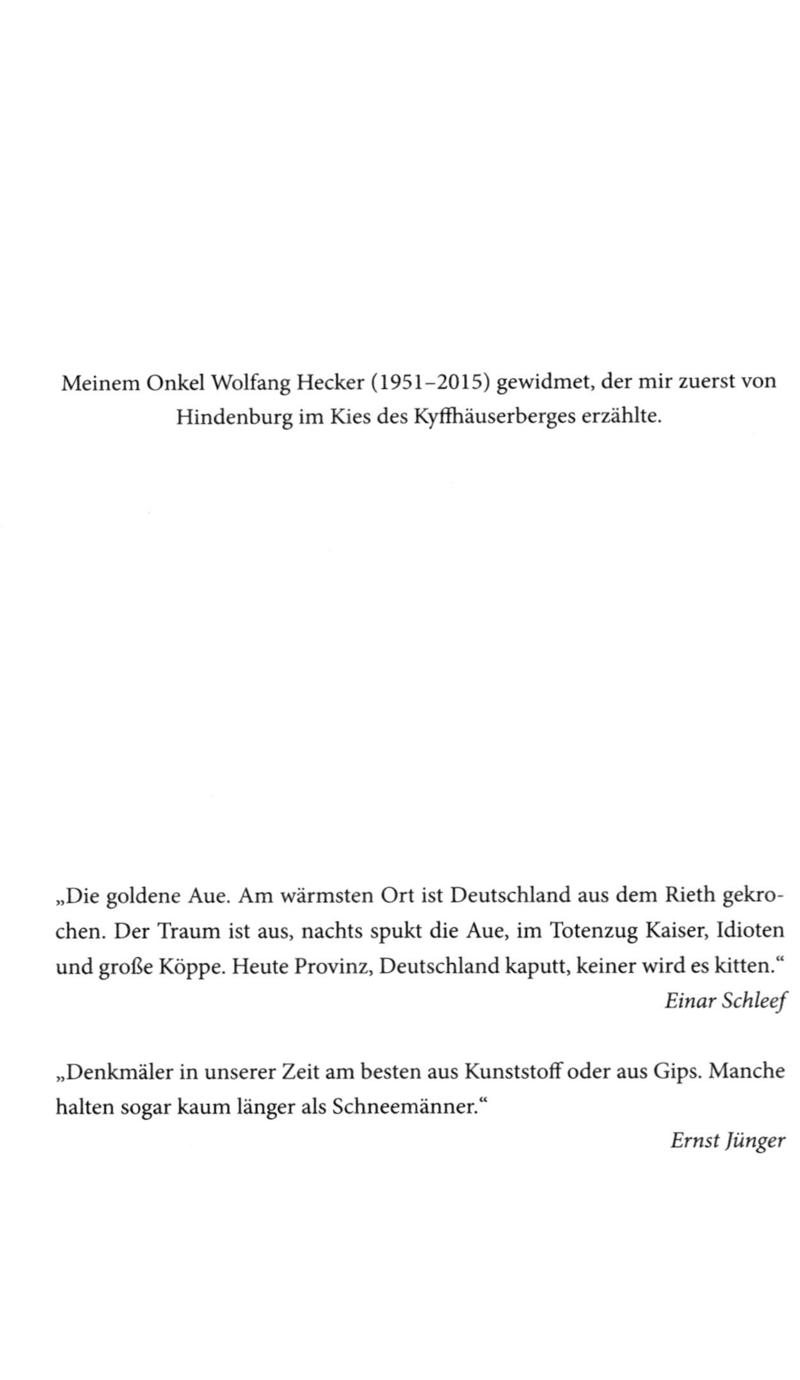

Meinem Onkel Wolfang Hecker (1951–2015) gewidmet, der mir zuerst von Hindenburg im Kies des Kyffhäuserberges erzählte.

„Die goldene Aue. Am wärmsten Ort ist Deutschland aus dem Rieth gekrochen. Der Traum ist aus, nachts spukt die Aue, im Totenzug Kaiser, Idioten und große Köppe. Heute Provinz, Deutschland kaputt, keiner wird es kitten.“

Einar Schleef

„Denkmäler in unserer Zeit am besten aus Kunststoff oder aus Gips. Manche halten sogar kaum länger als Schneemänner.“

Ernst Jünger

Vorbemerkung

Auf dem Kyffhäuser stand seit 1939 eine Hindenburg-Statue. Die Geschichte des Denkmals erzählt vom nazistischen Feldherren-Mythos und von Schwierigkeiten mit der Entsorgung deutscher Geschichte. 1947 auf Geheiß der Sowjetischen Militäradministration umgestürzt, wurde der Koloss 2004 wieder ausgegraben. Seither liegt Hindenburg in seiner Grube wie Schneewittchen im Sarg. Es ist offen, was mit ihm noch geschehen wird. Der Exkurs zum Denkmal am Berg ist erlebt, ist ein Gang durch Landschaft und Literatur, ein Spiel mit eigenen Kindheitsmustern. Er beruht auf Gesprächen, erzählt von Verschüttungen, Verdrängungen, Erfindungen und Überschreibungen. Denkmäler ma(h)nipulieren Geschichte und kompensieren Verluste. Zu den Geisterstimmen der Vergangenheit verhalten sich die Missverständnisse der Gegenwart. Der kaputte Hindenburg ist etwas zum Weinen und zum Lachen. Man kann mit ihm trauern und schimpfen über die Deutschen, die so oft stramm marschierten, gerade wenn es in die falsche Richtung ging. Die tragisch-komische Szenerie um den gefallenen Marschall unterhalb der alten Kaiserdenkmäler bezeugt derlei Fehltritte. Mit Blick auf die Nation und ihre Helden verweist sie auf inzwischen fremdgewordene Vergangenheiten und die *Umwertung aller Werte* in einem relativ kurzen historischen Zeitraum. Nach moralischen Glättungen und ideologischen Enteisungen bleiben die Leerstellen, die uns daran erinnern, dass immer die jeweilige Gegenwart der Ort ist, wo die Irrtümer beginnen.

Verschwundene Kaiser, vergrabene Denkmäler, geschlossene Gesellschaften

„Denkmäler mahnipulieren Geschichte."
Alexander Demandt

Es muss Anfang der 1950er-Jahre gewesen sein, als der Kastellan des Kyffhäusers auf die Idee kam, einen kahlen Denkmalsockel am Eingang zum Burghof etwas zu bepflanzen. Der Hausmeister war neu im Amt. Vielleicht wusste er nicht, dass auf dem Stumpf einmal eine Hindenburg-Statue gestanden hatte. Vielleicht vermisste er sie auch. Eigentlich hatte er an Stiefmütterchen gedacht, doch waren ihm dann Vergissmeinnicht untergekommen. Zufall oder nicht, er pflanzte die Blumen und freute sich des Anblicks wie der kleinen Subversion. Die Freude währte indes nicht lange, denn wenig später zitierte ihn die Bad Frankenhäuser Kreisleitung der Sozialistischen Einheitspartei Deutschlands zum Rapport ins Tal. Die Genossen wussten, wem die Vergissmeinnichte galten. Sie bedeuteten dem Mann, dass er doch wohl wüsste, mit derlei Blumenschmuck an einen Militaristen und Wegbereiter des Faschismus zu erinnern. Der Burghausmeister gab sich arglos, habe lediglich etwas zu Verschönerung und Gastlichkeit des Ortes beitragen wollen. So entging er einer Strafe. Man befahl ihm nur, die Blumen wieder zu entfernen. Gras solle darüber wachsen, aber mehr nicht.[1] Wie lange der verwaiste Sockel noch so verloren dastand, weiß man nicht. Irgendwann war er weg, so wie der Feldherr, der auf ihm gestanden hatte. Im Netz gab es vor Jahren ein vergilbtes

Schwarzweißfoto, auf dem ein pudelbemützter Junge vor oder auf dem leeren Postament im Schnee spielt, dahinter ein sozialistisches Transparent: „Heraus zum 1. Mai!“, oder so ähnlich. Ich finde das Bild nicht mehr.

Am Stillleben mit Postament ohne Helden war etwas falsch. Nicht, weil niemand auf dem Sockel stand oder ein Kind in den Trümmern spielte. Nein. Mit der Ruine stimmte etwas nicht, oder mit meinem Auge. Bilder lügen nicht. Betrachter irren.[2] Meine Irritation rührte wohl von einem eigenen, inneren Grundkonflikt her; von einer Dissonanz zwischen geforderter *Parteilichkeit* im Sehen, Reden, Schreiben und einer anderen „Wahrhaftigkeitstiefe“, die von den Zeitstimmungen unberührt bleibt. Franz Fühmann hatte nach einer solchen in den dem Kyffhäuser nahe gelegenen Kalischächten gesucht. Das war in den 1970er-Jahren. Sein Text oder besser seine Schürfung „Im Berg“ blieb Fragment. Kurz vor seinem Tod brach er die Sache ab. Untertitel: „Bericht eines Scheiterns“. Der leere Sockel, das arglos spielende Kind auf ihm, der verschwundene Heros, die Parole darüber – alles zusammen verweist auf die Vergänglichkeit und Uneindeutigkeit der Dinge wie auf deren Nachleben in sehr zufälligen Konstellationen. Ein Denkmalsturz sei, so lese ich, „erst dann der Versuch eines Schlussstrichs, wenn man auch die Sockel der Denkmäler beseitigte“.[3] Perspektiven wechseln und Werte wandeln sich. Das Unfertige der Szene aber entspricht der Geschichte, so wie die Ruinen, Trümmerlandschaften und Wüstungen, aus denen sie sich erzählt. Manches Verschwundene bleibt besser verschwunden.[4] Manches vermag uns erst in Trümmern etwas zu erzählen. Historiker leben von Fragmenten und rekonstruieren Erzählschichten. Sie können immer nur ausschnitthaft recherchieren und abbilden. Es gibt kein fertiges Dach über den Dingen.

Hindenburg stand nur ein paar Jahre auf dem Kyffhäuser. Seine memoriale Halbwertszeit war hier noch kürzer als anderswo. Spruch eines unbekannten Baumeisters: „Lieber im Leben eine Brotrinde als nach dem Tod ein Denkmal!" Hindenburg weg – Deutschland kaputt. Das war die politische Lehre, als seine Denkmäler fielen. Eigentlich schon, als sie errichtet wurden. Die große Geschichte zur Sache ist erzählt. Die Systeme sind widerlegt. Was bleibt, ist das Persönliche.[5] Jedoch finden sich unterhalb des Monumentalen noch die üblichen Geschichten, die überall passieren können und im Großen nicht aufgehen. Sie sind unvermeidlich, unfreiwillig komisch bisweilen, verlaufen jenseits naiver Heroisierung oder hyperkritischer Verneinung, bewegen die Leute aber doch, weil sie „kontrolliert und unkontrollierbar in der Brust jedes Einzelnen" stattfinden und sich so wieder auf die große Welt beziehen.[6] Geschichte ist die Möglichkeit, spielerisch zu vergleichen, anders zu sprechen, anders zu sehen und skeptisch zu bleiben denen gegenüber, die immer schon wissen, wer die Guten und wer die Bösen sind. Für die Frankenhäuser Kommunisten war die Sache nach 1945 klar. Eigentlich sollte alles dem Erdboden gleich gemacht werden. Gleichmachen und recht haben: Die Geschichte ist nicht dazu da.[7] Mit Blick auf Hindenburg hatten, je nach Datum, immer alle recht, Anhänger wie Kritiker. An den Umständen seiner Karriere im Leben wie nach dem Tod schärfen wir unser geländegängiges Geschichtsauge. Im Vergleich wägen wir die Argumente für und wider. Ziel ist es nun aber nicht, selbst recht oder gar das letzte Wort zu haben. Mit Jacob Burckhardt hat der Satz *Historia vitae magistra* „einen höheren und zugleich bescheideneren Sinn". Es geht darum, „durch Erfahrung nicht sowohl klug (für ein andermal) als weise (für immer)" zu werden.[8]

Hindenburgs Kyffhäusergeschichte ist keine aus der Mitte, sondern eine vom Rand, eine aus der *ostdeutschen* Provinz. Man kann etwas daraus lernen. Einer vordergründig politisch-pädagogischen Nutzung steht Goethes mokante Skepsis gegenüber, wonach die ganze Historie „unerforschlich, unerklärlich, unerfreulich" sei, nichts als „Klatsch" und eine „Masse von Torheiten und Schlechtigkeiten, […] ein Gewebe von Unsinn für den höheren Denker". Nur wenig könne man aus ihr lernen, allenfalls, „dass es zu allen Zeiten und in allen Ländern miserabel gewesen ist".[9] Der Natur sprach der Meister mehr System und Verstand zu. Nietzsches Erwägungen zu *Nutzen und Nachteil der Historie für das Leben* fielen auch nicht zu deren Gunsten aus. Wie eine Psychotherapeutin könne sie einem zwar helfen, aber ebenso gut den Rest geben. Man brauche Heiterkeit, um ihr Elend zu ertragen. Zu Hegels Einsicht, die Geschichte lehre doch nur, dass die Völker und Regierungen nichts aus ihr lernten, schrieb Lenin an den Rand: „Sehr klug."[10] Man kann also getrost vergessen. Eine gewischte Tafel befreit von Hausaufgaben und unliebsamen Erinnerungen. Fragwürdige Autoritäten und falsche Götzen verschwinden, Macht und Ordnung kommen auf den Prüfstand.[11] Es kommt Bewegung in erstarrte innere und äußere Zustände. Die Herrschenden und das sie verkörpernde Gestern werden bedeutungslos und abgelehnt als Apologie abgelehnter Systeme, verworfen als Ideologie falscher Verhältnisse. Die Geschichte verliert ihren bildenden Wert, irritiert lediglich noch als „fremdgewordene Vergangenheit".[12] Es ginge dann, so Nietzsche, nur mehr darum zu zeigen und zu verstehen, „wie ungerecht die Existenz irgendeines Dinges, eines Privilegiums, einer Kaste, einer Dynastie zum Beispiel ist, wie sehr dieses Ding den Untergang verdient". So lege man das Messer an die eigene Wurzel und schreite „grausam über alle Pietäten hinweg".[13] Nietzsche wusste noch, dass Menschen und Zeiten, die die Geschichte radikal verneinten, sie richteten und vernichteten, selbst höchst „gefährlich" und „gefährdet" seien. Als „Resultate früherer Geschlechter" verkörperten sie zugleich ihre „Verirrungen, Leidenschaften und Irrtümer, ja Verbrechen". Es ist unmöglich, „sich ganz von dieser Kette zu lösen".[14]

Das wäre die These, und sie berührt die große Politik wie den kleinsten Alltag. Der ganze Kyffhäuser scheint das Resultat solcher *Verirrungen* zu sein. Alles ist durch die Zeiten gepriemt und gefeilt, abgetragen und wieder aufgeschichtet. Der nationale Nostalgietempel[15] in seinen zerstörten wie erneuerten Schichten ist postmoderner Bastelkasten und ideologische Fundgrube. Die schönen Kaisersagen, die romantischen Rittergeschichten, der jahrhundertelange Aber- und Herrscherglaube der einfachen Leute, die Hoffnung auf Rettung von ganz oben oder ganz unten – das alles liegt hier brach und bloß und war lange der Mittelpunkt der Erde. Meine Großmutter, eine aus Garmisch stammende Katholikin, schrieb Briefe an Hitler und Ulbricht, weil sie der Auffassung war, die Nachfolger der Monarchen seien schlecht beraten. Uraltes Königsheil trieb den naiven Mutterglauben an, der für sechs Kinder auch in den schlimmsten Bombennächten des Zweiten Weltkrieges stark bleiben musste. Sie gab ihnen Brot, damit sie es russischen Kriegsgefangenen zustecken konnten. Da sahen auch die härtesten Wachleute weg. Das Mutterkreuz lehnte sie ab. Zu DDR-Zeiten beriet sie ihre Töchter in Ehefragen, um deren Männer (die Herrschaft im Kleinen) bei guter Laune halten und lenken zu können. Ihren Katholizismus lebte sie als urchristlichen Rest innerhalb nazistischer wie kommunistisch-egalitärer Ideologie unterhalb der Hegelschen *Geschäftsführer des Weltgeistes.* Auch im ökonomischsten Marxismus waren diese noch da. Theorien und materielle Gewalten lassen sich nie ganz von Mythen befreien. Insofern sind Barbarossas Verehrungs- wie Hindenburgs Entsorgungsgeschichten Teil einer analogietauglichen Morphologie politisch erwünschter wie faktisch unmöglicher Erinnerungslenkung. Und weil nur das Persönliche bleibt, wenn Systeme überholt und Ideologien widerlegt sind, ist es unvermeidlich, sich ihre und zugleich unsere eigenen Geschichten zu erzählen: „Narrare necesse est."[16]

Am Anfang waren die älteren Legenden um den im Berg schlafenden, guten Kaiser. Sie beflügelten die deutschen Nationalstaatsträume des 19. Jahrhunderts. Man sehnte zum allgemeinen und gleichen Wahlrecht, zu einheitlichen Währungen, Uhrzeiten und Fahrplänen die verschwundenen Herrscher und Reiche mit herbei. Über einheitlichen Märkten und Zöllen[17] thronten Kaiser und Könige in Schlössern wie im Himmel. Ganz ohne ging es nicht. Noch die heimliche Liebe der Deutschen zur „Demokratie" brauchte den romantischen Helden, das moderne Gesetz den traditionalen Gesetzgeber. Deutsche Paradoxien und Affären.[18] Paul von Hindenburgs zwei Körper passten dazu: adelig prädestinierter Krieger zuerst und dann vom Volk gewählter Präsident der ersten deutschen Demokratie. Der Staat von 1871 war modern und in Ansätzen sogar liberal. Aber er wurde zugleich als Reinkarnation des mittelalterlichen Reiches empfunden, mit einem regierenden Kaiser an der Spitze, der daran glaubte wie ein märchenversessenes Kind. Hinzu kam nach 1918 und trotz Kriegsniederlage der vermeintlich unbesiegte Feldherr als ein neuer Roland. Um so dazustehen, bedurfte es der Niederlage und nicht des Sieges. Nicht nur auf dem Kyffhäuser stand man vor Hindenburg in monarchischen wie republikanischen Zeiten stramm. 1939, fünf Jahre nach seinem Tod, wurde ihm auf dem Berg ein Denkmal errichtet. Die Statue am Fuße des Geschichtsgebirges, eher bescheiden im Vergleich zu denen Barbarossas und Wilhelms oben, stand nur ein paar Jahre. Sie verschwand nach Kriegsende, fast so wie einst der Rotbart mit seinem Gefolge im Berg. Anders als dieser, kam Hindenburg nach einem halben Jahrhundert aber wieder ans Tageslicht.

Denkmalstürze problematisch gewordener Säulenheiliger sind symptomatisch für politische Umbruchzeiten. Traditionelle Sinngebungen werden in Frage gestellt. Man kratzt an der politischen Oberfläche. Es kann bluten. Ein in diese Richtung wirkender Aktivismus ist immer auch Vandalismus gegen Kultur.[19] Niemand braucht das monumentale Hamburger Bismarckdenkmal, Bismarck am allerwenigsten. Zu Füßen des Betonhelden kann aber nachdenklich werden, wer innehält und staunt. Welcher Geist machte Bismarck so riesig? Ich stelle mir die Betonglatze als Klettergarten für Hamburger Kinder vor. GutsMuths Wort, dass „große Männer außer ihren Taten keiner Denkmäler" bedürfen, hätte Bismarck gewiss unterschrieben. Es verhinderte nicht, dass der Schnepfenthaler Philanthrop seit 1904 als Bronzefigur auf dem Quedlinburg Marktplatz steht. Vielleicht war er ja kein großer Mann. Immerhin schaffte es einmal ein Guter auf den Sockel. Politisch motivierte Begradigungen historischer Oberflächen schaffen und reduzieren Diversität. Die Leute werden immer erst munter, wenn etwas weg ist. Der Schlummerzustand stellt sich aber bald wieder ein.

Hierzulande findet sich noch so Einiges an „sturmfester und erdverwachsener" Überlieferung aus uralten Zeiten, oft verschleiert oder hinter einer Dornenhecke schlafend. Die Historiker nennen solche halb märchenhaften, halb historischen Plätze Erinnerungsorte.[20] Sie sind in der Welt und in den Köpfen, nicht in allen und auch nicht für alle Ewigkeit. Oft haben sie rückwärtsgewandtes nostalgisches Potenzial, kompensieren die Schrumpfung und das Verschwinden einer vertrauten Gegenwart. Derlei kann sich in revolutionären Umbruchsphasen noch verstärken. Man sehnt sich im beschleunigten Wandel nach Orientierung, blickt und geht zurück, sucht bei fehlender Zukunftsgewissheit Halt im Vergangenen.[21]

Traditionelle Denkmäler loben große Männer und disziplinieren kleine Leute. Sie bestätigen Zeiten der Sicherheit und werden problematisch in Momenten der Unsicherheit. Kollektives Abknien vor Siegern und Heiligen, wiederholt an Fest- und Feiertagen, lehrt bücken und dienen. Bilder und Rituale, auch die verordneten, senken sich tief ein in die Hirne. Auf dem Jenaer Nordfriedhof stand ich in den 1970ern als Jungpionier vor der Büste des Kommunisten und Rotfrontkämpfers Magnus Poser. Es waren schöne Wandertage zum alten Gottesacker oberhalb der Stadt. Das Mahnmal sprengte die ansonsten kleinteilig-verspielte Friedhofsanlage. Der Held stand vor einer massiven Betonwand mit Fackeln und der unbesieglichen Inschrift „Ruhm und Ehre den Helden des antifaschistischen Widerstandskampfes". Merkwürdig, dass die toten Antifaschisten immer bevorzugt vor Mauern lagen oder standen. Diese Bußübungen vor Steinen gehörten zur sozialistischen Erziehung. Wir fühlten uns wer weiß wie, nur nicht schuldig. Im Film *Hans Beimler* wurden die tapferen Spanienkämpfer von Franquisten und SA-Leuten gefoltert. *Spaniens Himmel* breitete seine Sterne in Ernst Buschs Lied von der *Thälmann Kolonne*. Im Film drückten die Faschisten einem die Daumen in die Ohren, bis er ohnmächtig wurde. In Buchenwald sahen wir Schrumpfköpfe der Opfer auf den Schreibtischen der Täter. Man glotzte ungläubig bis sensationslüstern und wusste doch nichts vom Widerstandskampf und schon gar nichts von „roten Kapos", nichts von Poser oder Arthur Becker, dem Namenspatron meiner Grundschule. Sie interessierten uns nicht, weil sie keine Biografien hatten. Bei Einar Schleef lese ich: „Die Fahnen. Rote Ecken. Bilder. Marx, Engels, Lenin. Stalin. Stalin weg, Lenin hin. Ulbricht statt Pieck. Völlig egal."[22] Poser war ein stolzer Kopf. Das Häftlingsdreieck neben der Inschrift und die Gesänge, das Lied von den *Moorsoldaten*, blieben doch hängen. Chöre sowjetischer Partnerschulen waren öfter dabei, weil es unweit der Stele ein Grabmal des „unbekannten Soldaten" gab. Der konnte gleich mit geehrt werden, weil er sich geopfert hatte für unsere Befreiung. Diese Sowjetsoldaten, so wollte man es verstanden wissen, waren nicht mehr für irgendeine Herrschaft, sondern für das Volk und die *Proletarier aller Länder* gestorben. Das sollte den herkömmlichen Tod für Führer und Vaterland sinnvoller, besser machen.[23] Die entsubjektivierten Exerzitien ließen wenig Raum für Empathie oder gar Mitleiden,[24] machten aber unterschwellig skeptisch gegenüber Positionen, von denen alle gleichermaßen überzeugt sein müssten. Gute Sozialisten oder Antifaschisten sind wir durch derlei ritualisierte Bußfertigkeiten nicht geworden. Gehorsamkeit und Wohlverhalten angesichts eines Autoritätsgemischs aus lebendigen Lehrern und toten Rotfrontkämpfern funktionierten aber doch irgendwie, fast so wie in der Kirche. Herumalbern ging da nicht.

Bei Hindenburg war es ähnlich. Nur dankte das Volk seinem Helden wirklich, war ihm noch als Verlierer aus tiefstem Herzen treu ergeben. Es wollte mit ihm, anders als wir mit den unbekannten Sowjetsoldaten, zu neuen Siegen schreiten. Sieger, die wir ja als „Sozialisten im Weltmaßstab" waren, haben nie Lust auf Krieg. In einer Zeit, in der wir Deutsche eigene Verbrechen in postheroischen Denk- oder Mahnmälern bekunden,[25] bleiben vom Kult der

Gefallenen imprägnierte Plätze *schwierige* Orte. In der demokratischen Mitte der Gesellschaft scheint kein Platz für sie zu sein. Überhaupt muten Heroisches wie Nationales in einer globalisierten Welt obsolet an. Der Klimawandel bedroht uns alle, die Geschichte ist *transnational*, die Gesellschaft multikulturell. Überlieferungen wie das Kyffhäuser-Denkmal stören da eher und können überdies zu Identitätsangeboten wider Erwarten werden. Dass es sich im Falle des Hindenburg-Fundes um eine Reaktivierung von unten handelt, macht die Angelegenheit doppelt schwierig. Demokratische Diktaturannäherung ist keine leichte Übung. Und zum Wandel von historischer Heldenverehrung zu einer Geschichtskultur, in der die Opfer im Mittelpunkt des Gedenkens stehen, scheint der Burgberg nichts beitragen zu können.[26] Ein Faktor für das Aushalten derart monumentalisch-düsterer Substanz bleibt die Ökonomie als moralisch kalte, politisch indifferente Hand über den Weltanschauungen. Aus nostalgischen Sehnsüchten lässt sich immerhin noch Profit schlagen. Tourismus und Fremdenverkehr hängen heute weltweit an den besonderen Geschichten jedweder Couleur. Die Politik kann sich immer weniger auf sie berufen. Aber nach Berchtesgaden und an den Comer See pilgern die Reisegruppen genauso munter wie ins Moskauer Lenin-Mausoleum.

Der Kyffhäuser liegt nicht weit vom Brocken, dem „deutschesten aller Berge" (Heinrich Heine). An klaren Tagen kann man von der alten Reichsburg die Kolonnenwege der gewesenen innerdeutschen Grenze mit bloßem Auge sehen. In anderer Richtung zeigt sich der Ettersberg bei Weimar mit dem Glockenturm des Konzentrationslagers Buchenwald. Berge spiegeln den Zeitgeist und widersetzen sich dessen Zumutungen. Wald, Höhe, Schlucht und Burg, das alles ist seit der Romantik sehr *deutsch*, auf dem Kyffhäuser wie im

Tannhäuser. Der Held in seiner Trutzburg muss bösen Feinden widerstehen. In der zu den deutschen Erinnerungsorten einschlägigen Literatur wird der Kyffhäuser im Unterschied zur nahegelegenen Wartburg oder zu Weimar kaum erwähnt.[27] Dabei gäbe es über die älteren Zeiten hinaus gerade zu den Jahren der deutschen Teilung zum umstrittenen Nationaldenkmal unweit des *Eisernen Vorhangs* jenseits von *Tätern* und *Opfern* so einiges zu sagen. Schon vor 1989 war es von Bikern und Rockern bevölkert, damals wie heute keine Genossen. Obwohl bereits unter geteilten deutschen Himmeln offiziell stillgelegt, überlebten hier oben die heroisch-vaterländischen Geschichten. Räumlich gesehen, bildeten der Kyffhäuser wie der Brocken lange eine geografisch-strategische Erhöhung im Spannungsfeld *Östliche – Westliche Welt* – als Jahrtausendinszenierungen über hochgerüsteten Ebenen an der Nahtstelle des in zwei Teile gebrochenen Deutschlands. Mittelalterliche Mythen und tanzende Hexen überlebten am Rande des potenziellen atomaren Schlachtfelds.[28]

Mitte der 1990er-Jahre gab es in Jena ein Seminar zur Umgestaltung der Kyffhäuserausstellung. Die spätsozialistische Lesart, die man noch mit viel Aufwand in einem sich weitenden Erbe- und Traditionshorizont der 1980er-Jahre entwickelt hatte, passte nicht mehr. Es ging jetzt um eine auch museale Befreiung von jedweder Marx'scher Determination. Ich hörte davon und kannte die Leute. Doch konnte ich mir damals nicht vorstellen, dass daran irgendetwas interessant sein sollte. Blick rückwärts in chauvinistische Abgründe? Pickelhauben neben Fahnen in Vitrinen? Ein Ding für Corps und schlagende Verbindungen, die in Jena damals wieder das Stadtbild prägten. Den Burschenschaften gegenüber emotionslos, hatte ich es eben noch mit der *studentischen Linken* gehalten, die den Sozialismus retten und aus der Theorie neu erfinden wollte. Die *Grüne Tanne* wurde gerade restauriert, mit Paukboden und Kneipe. Ich lernte Mediziner und Juristen kennen, die sich schlugen ohne Nazis zu sein, was wiederum der *Junge Welt*- und *TAZ*-Leserschaft in meiner Umgebung nicht eingehen wollte. Als die Nation dann schneller kam als gedacht, machte ich lange einen Bogen um sie, über Italien, Frankreich und zeitraubende, dabei aber höchst bildsame Lateinkurse. Das waren meine einstweiligen Ersatznationalismen, in herrlich geöffneten Zeiten *ästhetischer Erziehung* ohne viel Deutschland. Ich höre noch den gewesenen Russischlehrer Sauermann, dessen Zweitfach Latein inzwischen wieder gefragt war, wenn ich in irgendeiner Pluraldeklination wieder zu raten begann: „Herr Steinbach! Ich werde der Mann Ihrer schlaflosen Träume."

Im Seminar, von dem ich heute gern mehr wüsste, sollte der Kyffhäuser durch gute Ideen verwandelt, verschönt und ideologisch entschlackt werden. Es gab wohl strenge Mienen und auch Unbehagen an einer gefühlten Strafarbeit für die Vernachlässigung des Ortes zu sozialistischen Zeiten. Die neuberufenen Professoren aus Hagen und Gießen hielten sich bedeckt. Der verantwortliche Ex-DDR-Dozent hatte eigentlich auch keine Lust auf das Thema und den Thüringer Busch, den man nur über die Dörfer erreichte. Abneigungen gegenüber dem wiedervereinigten Deutschland und seiner jüngeren Geschichte beruhten auf Gegenseitigkeit. „Deutschland? Aber wo liegt es? Ich weiß das Land nicht zu finden." Dieser Schiller war damals auch meiner, obwohl ich das Land gar nicht suchte.

Der Kyffhäuser, diese den Südharz beschirmende Ritterburgpickelhaube, diese verlorene *siegesdeutsche* Kathedrale, ist als Erinnerungsort nicht so nett wie der *Käfer*, der *Trabi* oder das *Sandmännchen*, nicht so eindeutig wie die *Mauer*.[29] Dabei kreuzen sich im „Haus auf der Kuppe“ viele Stränge deutscher und europäischer Geschichte. Der Denkmalgletscher bindet Zeitläufte und ihre Stimmungen, gibt dem, der genauer hinsieht und hinhört, Auskunft über die Zeiten, aus denen mit Goethes *Faust* immer auch „der Herren eigener Geist“ spricht:

> „Mein Freund, die Zeiten der Vergangenheit
> Sind uns ein Buch mit sieben Siegeln.
> Was ihr den Geist der Zeiten heißt,
> Das ist im Grund der Herren eigner Geist,
> In dem die Zeiten sich bespiegeln.“

Obgleich kein „Buch mit sieben Siegeln“, spiegelt der Berg doch den Geist der Zeiten. Als mythischer Ort ist er zugleich „sakrale Landschaft“, die erinnert und bewahrt, stiftet und überschreibt,[30] uralte Geschichten immer wieder neu erzählt. Erst der moderne Nationalismus politisierte die Poesie und entzauberte sie damit. Zuvor war sie Alltag und einfaches Leben. Thomas Nipperdey rechnete den Kyffhäuser in einer klassischen Abhandlung über das Nationaldenkmal[31] neben dem Völkerschlachtdenkmal zu den Monumenten einer *verspäteten* Nation, die den Krieg als eine dafür notwendige Entstehungskraft gleich mit verherrlichten. Nipperdeys Überlegungen von 1968 sind jenseits der Sache ein wehmütiger Abgesang an die geeinte Nation. Die großen Erzählungen aus den Zeiten Rankes und Treitschkes hatten ausgedient. Der Bismarcksche Nationalstaat war Geschichte, die Wiedervereinigung „Lebenslüge der zweiten Deutschen Republik“ (Willy Brandt). Dennoch wollte Nipperdey nicht alles nur noch in Klassen, Konflikten und Sonderwegen aufgehen lassen. Marx sollte nicht gegen Bismarck, Weimar nicht gegen Bonn, Koblenz nicht gegen Leipzig ausgespielt werden. Geschichte sei, so wie die Farbe der Nation, nicht schwarz-weiß, sondern „grau, in unendlichen Schattierungen".[32]

In seinen wuchtigen Gemäuern stellt der Kyffhäuser eine Mischung aus Berg-, Krieger- und Nationaldenkmal dar. Der mächtige Hauptturm mit der riesigen Reichskrone als Dach ist Bergfried, Kirche und Grabmal in Einem. Der Nationalismus von 1871 war Gottesdienst. Im Denkmalkomplex von 1896 bündelten sich individuelles und kollektives Totengedenken, das dem König und Kaiser, Wilhelm I., und allen in den Kriegen von 1864 bis 1871 gefallenen Deutschen galt.[33] Auch der alte Barbarossa, versonnen wie beschäftigungslos im Felsenhof sitzend, gehörte zur Tradition. Selbst sein Tod während des Kreuzzugs ließ sich als Opfer fürs Vaterland deuten. Nach 1918 wurde alles dann noch patriotischer. Der Berg galt nicht mehr nur als Symbol der Wehrhaftigkeit, sondern als Ort einer neuen, völkischen Egalität. Zwar atmete das Denkmal noch Monarchie-Nostalgie. Doch diente es nun vor allem der ritualisierten Gefallenenehrung, als ein weithin sichtbareres Zeichen nationaler Einheit und Wehrbereitschaft über alle sozialen Grenzen hinweg.[34]

Dass sich auf diese Weise geschlossene Volksgemeinschaften in Waffen inszenierten und mobilisierten, hatten bereits Nipperdey und Reinhart Koselleck sehr deutlich gesehen. Heute scheiden sich an derlei Überlieferungen die Geister. Wie viel „deutsches Mittelalter" geht? Wie viel germanische Mythologie ist zumutbar? Wie viel feldgraue Männergeschichte lässt sich ertragen? Und Hindenburg? Hat er uns über seine Rolle als „Steigbügelhalter Hitlers" hinaus noch etwas zu sagen? Das um 1900 populäre „Denk mal dran!" in seinem dumpfen, chauvinistischen Kult, der die Erinnerungen an vermeintlich leichte, fröhliche Siege am liebsten bei Bier und Zigarren hervorholte, war für wache Köpfe schon damals unerträglich.

Da fühlte sich jemand stärker als er war. Manchmal gab es Bier auch erst nach den Reden der Veteranen. Man blieb aber standhaft, so wie einst in der Schlachtreihe. Das Laute, Anmaßende, Aggressive der Jahrzehnte zwischen Bismarck und Hitler hatte etwas zu tun mit fragilen kollektiven Bewusstseinslagen, mit Weltanschauungszweifeln und gefühlten wie tatsächlichen Lebensunsicherheiten.[35] Öfter ging das an den Realitäten vorbei. Vor Metz erschoss im Herbst 1870 ein Thüringer einen Preußen. In der Verhandlung rechtfertigte er sich damit, noch nie einen Preußen gesehen und diesen mit einem Franzosen verwechselt zu haben. Er wurde zu einem halben Jahr Festungshaft verurteilt.[36]

Erinnerungsorte werden gemacht, Nationen erfunden. Am Kyffhäuser wuchs der Mythos aus den Ruinen der alten Reichsburg oder besser: Er kroch in sie hinein. In Erz und Stein gefasste Räume gingen auf in Sprache und Bild.[37] Herrschaftswissen war Volksglaube und umgekehrt. Die im frühen zwölften Jahrhundert erstmals erwähnte Burg lag in unmittelbarer Nähe der Kaiserpfalz Tilleda und diente der Sicherung und Verwaltung des Kronlandes. Fruchtbar war die Gegend, Salz war das „weiße Gold". Auf den Handelsrouten kam es über Kelbra und Frankenhausen in die Ferne. Und es gab das Mansfelder Kupfer. Die Herrschaft kam nicht zufällig zum Berg. Jahrhundertelang blieben die Geschichten des Kyffhäusers – hoch über den Ebenen und der Mühsal bäuerlicher und handwerklicher Existenz – mit den Staufischen Kaisern verbunden, mit Friedrich I. Barbarossa (1122–1190) und seinem Enkel Friedrich II. (1194–1250). Letzterer, lange Zeit der Berühmtere, war zwar nicht auf einem Kreuzzug gestorben, aber nach Sizilien ausgewichen und dort mit seinem Gefolge in den Ätna geritten. So jedenfalls stellte man es sich nach seinem plötzlichen Tod vor.[38] Damit war die Legende vom schlafenden Kaiser im Berg geboren, eine mediterrane, orientalische Story, fast wie aus *Tausend und eine Nacht*. Preußisch-versachlichend kam dann das neue Reich hinzu und damit zur idealen die faktische Macht. Mit der Kaiserkrönung im Versailler Spiegelsaal fielen staufische Reichsnostalgie und preußische Staatsgründungsmission in eins.

Die Legende vom Kaiser, der mit seinem Zwerg im Berge haust, prägte den Kyffhäuser als sozialen wie politischen Hoffnungsort seit dem ausgehenden Mittelalter. Anfangs wurde der wandelbare und sich wandelnde Mythos noch mit unterschiedlichen Herrschern und Plätzen verbunden.[39] Es gab keltisch-germanische Vorgeschichten mit weiblichen Wesen, Muttergottheiten und Menschenopfern aus unvordenklichen Zeiten.[40] Wallhausen war die Wiege des deutschen Kaisertums. Zuerst kamen die Frauen: Mathilde in Quedlinburg, Theophanu neben Otto in Allstedt. Büßergeschichten neben Klosterstiftungen und immer wieder Sagenhaftes:

> „Von hier war Theophanu im Schnee aufgebrochen, barfuß auf dem Kyffhäuser zu beten, nur begleitet von einer Kammerfrau. Die wartete unten, bis das Opfer vollbracht. Krimhild ließ sich durch das Kyffhäusermeer rudern, während Attila fischte."[41]

Mit derlei schönen Geschichten ließ es sich noch unter bedeckten und verrußten sozialistischen Himmeln aushalten. Im Interregnum gab es Hochstapler. Ein gewisser Tile Kolup, der eigentlich Dietrich Holzschuh hieß, hatte sich eulenspiegelgleich für den zweiten Staufer ausgegeben. Er schaffte es, die Welt ein ganzes Jahr zum Narren zu halten, residierte in Neuss, ehe man ihn 1285 als Ketzer verbrannte.[42] Zu Zeiten der Pest um die Mitte des 14. Jahrhunderts wartete man noch immer auf Friedrich II., der die aus den Fugen geratene Welt ordnen, Arm und Reich versöhnen, den verderbten Zustand der Christenheit reformieren sollte.[43] Der kommende Herrscher verbürgte Egalität vor allem für jene, die mit ihm in den Krieg gezogen waren. Das galt noch für den Marschallpräsidenten Hindenburg zu Zeiten der Weimarer Republik, dem die alten Kameraden in Nibelungentreue verbunden blieben und zu Tausenden auf dem Berg huldigten. Ein Volksbuch, das am Vorabend des Bauernkrieges erschienen war, verknüpfte die Kaisersage zum „wüsten Schloss" mit Reichssehnsucht, Antiklerikalismus und Einheitswillen. Der schlafende, von Wiederkehr träumende Kaiser Barbarossa und die revolutionäre Bundschuhbewegung kamen zusammen. 1525 sammelten sich Müntzers Anhänger nicht zufällig um den Kyffhäuser, wo der alte, auf Kreuzfahrt ertrunkene Herrscher saß und auf den günstigen Augenblick wartete. Dann würde er, so glaubten die Bauern, dem Volk zu Hilfe eilen, seinen Schild an einen dürren Baum hängen und den Adel und die Geistlichen strafen.[44] Auch Luther, der in Friedrich dem Weisen den kommenden protestantischen Kaiser sah, setzte auf den rettenden weltlichen Herrscher.

Es ist nur ein Katzensprung vom Kaiserdenkmal hinüber zum Schlachtfeld von 1525, wo Werner Tübke ein halbes Jahrtausend später die uralten Hoffnungen und Ängste in seinem *Bauernkriegspanorama* verewigte. Der monumentale Rundbau sieht aus der Luft wie eine riesige Landsknechtstrommel aus. Die Einheimischen nennen ihn freundlich respektlos das „Elefantenklo". Nach Montesquieu sind Elefanten übrigens typisch deutsch: Zunächst sehen sie beängstigend aus, erweisen sich aber bei genauerem Hinsehen als zutraulich.[45] So wie sich in Tübkes *Theatrum Mundi* aufständische Bauern, bigotte Pfaffen, blutrünstige Landsknechte und wohlfeile Huren um den am Ende kapitulierenden Thomas Müntzer tummeln, spukten auf dem Kyffhäuser die *falschen Friedriche* herum. Wie *Himpelchen* und *Pimpelchen* – vom Volk bejubelt und von den Obrigkeiten gefürchtet. Müntzers Bauerntruppe war von den falschen Barbarossarittern geschlagen worden. Die „Blutrinne", jener Weg, auf dem die nach Frankenhausen fliehenden Bauern abgeschlachtet wurden, sollte den sozialistischen Enkeln eine Lehre sein. Schulkinder liefen die Strecke mitfühlend auf und ab. „Wir haben hie keine bleibende Statt, sondern die zukünftige suchen wir", lautete Müntzers biblische Hintergrundformel gegen die Welt der Herren.[46] Tübke hatte man aufgetragen, das Fortschrittsgedächtnis des „ersten sozialistischen Staates auf deutschem Boden" historisch zu illustrieren. Den „Kyffhäusergeist" überwinden und dem Berg die Jakobinermütze aufsetzen, darum ging es – um ein marxistisches Geschichtsbildnis zur Übermalung wilhelminischer Reichsnostalgie.

Tübke machte etwas anderes daraus. Seine Fragen betrafen das Unfertige, das nicht fertig werden wollte. Er malte aus der Sicht der Verlierer für die selbsternannten Sieger. Ähnlich skeptisch hatte Fühmann in die Stollen des Mansfelder Landes hineingehorcht, war tief in den Berg gekrochen, um oben aufzuklären. Ein Porträt des sozialistischen Kumpels hätte man gern gesehen. Fühmann vermochte es ebenso wenig zu zeichnen wie Tübke den frühsozialistischen Bauern. Wie dessen *ewige Kreisläufe* auf der Leinwand waren Fühmanns Skizzen fragmentarisch. Man blieb zwischen Realien und Mythen auf der Suche. Dabei ging es dem Schriftsteller „thematisch/landschaftlich" um „Berg und Bergwerk, Harz, Kyffhäuser, Mansfeld, Kupfer, Kali und Kohle; philosophisch echter und falscher Mythos, nationale Frage, Tradition".[47] Wie Tübke dachte auch Fühmann in langen Linien und Kreisen, sah sich mit unverstandenen, raunenden, drohenden Rätseln konfrontiert. Das „Bergwerk" war ihm „ein eminent historischer Ort, das Fahren durch Gänge aus der Zeit der Romantik (real, bin ich gelatscht, brusthoch durchs Wasser), und kann beim 30jährigen Krieg ans Tageslicht kriechen (dieses Loch kann ich Dir zeigen) – und dahinein, allerdings nur so gestriffen, die Nationale Frage, die dreht sich um Kyffhäuser, Kaiser Rotbart, da führt mich die Kupferkönigin hin".[48]

Dichter und Maler blieben Zweifler, die ihre eigenen Geschichtsorte kreierten, sich selbst zu Versuchstieren machten. Das historische Chaos Tübkes verwies mehr noch als Fühmanns magischer Realismus auf wiederkehrende Geschehnisse vor biblischen Hintergründen. Sinnlosigkeit und Endzeitstimmung allenthalben und viel Gemetzel. Obwohl sich der Maler in die marxistische Reformationsgeschichtsschreibung einzulesen alle Mühe gegeben hatte, war an etwas Geordnetes oder gar Determiniertes nicht zu denken gewesen.[49] Am Ende gab es keinen „Sprung der Menschheit aus dem Reich der Notwendigkeit in das Reich der Freiheit";[50] nicht in der Geschichte, nicht im *Hier* und *Jetzt* und auch nicht auf der Leinwand. Golo Mann sah sich bei seinem Besuch 1987 vor einem „Gemälde ohne Anfang, ohne Mitte und ohne Ende", in dem sich nur „Symbole wie der berstende Turm von Babylon oder ein Regenbogen hoch über dem Schlachtengewimmel mit historischen Figuren versöhnen".[51] Versöhnung und Chaos von Himmel und Erde, Mensch und Widerfahrnisgewimmel. Man könnte sich eine Szenerie mit dem Rotbart neben Müntzer oder dem Papst gerade noch vorstellen. Mit einem sozialistischen Bergmann kaum, mit Hindenburg und einer preußischen Pickelhaube schon gar nicht. Eine Hitler-Anspielung soll es in Tübkes Bild aber geben. Die Figur liegt verkrampft und puppenhaft, epileptisch zuckend, halbtot am Boden. Ein sterbender Söldner aus dem Fürstenheer mitten im Schlachtengetümmel. Geschichte ist das Geschehene und das Gesehene. Durch „die Zaubermacht der

Kunst", so meinte Golo Mann, erschien „für einen Moment alle Theorie als grau in grau".[52]

Offene Geschichtsbilder gegen geschlossene Gesellschaften. Am Ende wollte es Tübke nicht wahrhaben, was er geschaffen hatte: „Das war ich nicht! Das Bild habe ich nicht gemalt", notierte er nach Fertigstellung.[53] Was der westdeutsche Erzähler ahnungsvoll erkannte und der ostdeutsche Künstler mit unbändiger Energie auf die Leinwand gebracht hatte, war die verlorene Mitte, die verlorene Nation, das deutsche Dilemma. Bildergeschichten und Interpretationen zum Trost. Im September 1989 wurde das Panorama für das Publikum eröffnet. SED-Chefideologe Kurt Hager war angereist. In Bad Frankenhausen waren Trunkenbolde und Störenfriede aus dem Stadtbild entfernt worden. Das Gras wurde noch einmal grün gestrichen. Zur Grundsteinlegung 1974 hatte man vor Honeckers über die Dörfer auf den Berg ziehenden Tross jegliches Baumaterial und sonstige privatkapitalistische Zeichen an den Straßen entsorgt. Freier Blick in trübe sozialistische Landschaften für den Reisekönig. Für Hager sollte es eigentlich noch eine Führung durch den Maler geben. Doch der wollte nicht mehr. Wenig später war es mit der DDR vorbei.[54] Für Tübke blieb die Nation auch im wiedervereinigten Deutschland verloren. Jetzt kanzelte man ihn als „Staatskünstler" und „Hofmaler" ab. Auf den politischen Friedensschluss folgte der ästhetische Bürgerkrieg. Das Panorama war vom Abriss bedroht. Die das befeuerten, zeigten guten Instinkt nicht für die Kunst, sondern für ein Wahrheitszeichen der DDR, von der architektonisch am Ende kaum etwas übrigblieb. Als eine seltene Spur von Staatlichkeit im Monumentalen, so sah es Henning Ritter, würde von ihr „schließlich nur das Bauernkriegspanorama in Frankenhausen zeugen".[55] In der kritischen Phase intervenierte kein geringerer als Richard von Weizsäcker.[56] Standbein Kyffhäuser, Spielbein Panorama. Die Rettung. Grundlegend anders mit der Wertschätzung des Künstlers wurde es erst, als der SPD-Kanzler Gerhard Schröder den Ort im Jahr 2000 besuchte, damals noch eine sozialdemokratische Hochburg. Schröder soll „nur mit Tübke" gesprochen haben.[57] Heute wirbt man mit der „Sixtina des Nordens", ohne weiteren Hinweis auf den Maler und den Bauernkriegsschauplatz.

Rotbart und Weißbart für brave Volksschüler

„Geschichte wiederholt sich nicht, aber sie reimt sich."

Mark Twain

Um Barbarossa hatte es nie so viel Streit gegeben wie um Müntzer und die Auftragskunst Tübkes. Zu Beginn des 19. Jahrhunderts hatte Napoleon die Deutschen wachgemacht. Was davon blieb, waren geteilte Gefühle: „Das soll uns nicht noch einmal passieren!" Und: „So wollen wir es auch einmal machen!" Einstweilen waberten nur die Träume von Kaiser und Reich in den Hinterköpfen. Legendär Friedrich Rückerts *Vom alten Barbarossa* (1817), dessen Bart durch Berg, Burg, Grotte und Tisch in die neue Zeit flachste.[58] Da wurden die teuren Toten wieder wach. In den Texten und Gemälden der Romantiker verschmolzen die mittelalterlichen Sehnsuchtsblicke zu einem Motiv rückwärtsgewandter Sammlung, das sich zu einem habituellen *Gute-alte-Zeit-Komplex* auswuchs. Hinzu kam das raue Klima der realen deutschen Welt, das laut Madame de Staëls Deutschlandbericht, bereits „im ersten Augenblick die Seele mit Traurigkeit" erfülle. „Die Trümmer alter Schlösser auf Berggipfeln, die Lehmhütten, die kleinen engen Fenster, der Schnee, der im Winter die unabsehbaren Ebenen bedeckt, machen einen peinlichen Eindruck. Eine Art von Schweigen in der Natur und in den Menschen presst das Herz des Reisenden zusammen."[59] Und so flüsterten aus dem reifkalten Gestern die Geisterstimmen. Lang Verdrängtes wurde auf dramatische Weise neu inszeniert.[60] Die Deutschen lebten zwischen jeder Menge Prosa- und Poesiehügel schöner, schauriger, trauriger Geschichten. „Wenn der Ruinenzauber glüht, erschauert unser Volksgemüt, und eine romantische Wärme gießt Bowle durch unsre Gedärme", schrieb Ringelnatz 1932 und wünschte den Ruinenerbauern hohe Lattenzäune, „von Hunden umgeben, die dauernd das eine Bein heben."[61]

Der Kyffhäusergeist war verbal verzauberter, wundersam anrührender Verfall. In den Grimm'schen Sagen gab es einfache Bauern, die dem Kaiser am Berg begegnet sein wollten. Er habe ihnen für Korn Gold geschenkt und die ewige Gerechtigkeit nicht erst am Ende der Zeiten versprochen. Das senkte sich tief ein in die Seelen der Erniedrigten und Beleidigten. Man ließ sich vorlesen und trank sich satt an der *romantischen Bowle,* die den Durst und Hunger im Leben am Ende aber auch nicht vergessen ließ. Was blieb, war die Hoffnung im Herzen und ein rückwärts erträumtes Jenseits. Rückerts Verse kannte jeder Volksschüler:

> „Der alte Barbarossa,
> der Kaiser Friederich,
> im unterird'schen Schlosse
> hält er verzaubert sich.
>
> Er ist niemals gestorben;
> er lebt darin noch jetzt.
> er hat im Schloß verborgen
> zum Schlaf sich hingesetzt.
>
> Er hat hinabgenommen
> des Reiches Herrlichkeit
> und wird einst wiederkommen
> mit ihr zu seiner Zeit. […]"

Der Kaiser muss weiterschlafen, weil oben die Verhältnisse schlecht sind. Und so träumte man sich von dort singend und dichtend ins unergründliche Dunkel der Ahnen hinab, hoffte auf ein „unsichtbares Reich“[62] in einer sozial gerechteren Welt. Rückerts Gedicht wurde der eigentliche Erinnerungsort, mehr als Barbarossa oder der Kyffhäuser. Gedichte werden heute kaum mehr gelernt und wenn, dann nicht solche. Schade eigentlich, denn als Quellen für innere Zustände sind die Texte der Romantiker in ihren einfachen Botschaften so eingängig wie heute die Lines der Rapper. Die Studis machen große Augen in der Grotte und spitzen die Ohren, wenn vom niemals Gestorbenen die Rede ist. Manchmal setze ich ein paar Euro für auswendiges Aufsagen des Gedichts. Eine Studentin konnte es mal. Auch die Guides rezitieren Rückert noch gelegentlich frei. Plötzlich hört alles zu und ist beeindruckt. Der rhythmische Ruinenzauber wirkt. Barbarossa ist auf dem Kyffhäuser immer zeitlos populär gewesen.[63]

Aus westdeutscher Sicht ist der Kyffhäuserberg immer noch ein bisschen wie der Eingang zu Kleinsibirien oder, etwas sprachsensibler, eine „historisch gewachsene Kulturlandschaft mit einem vergleichsweise geringen Bekanntheitsgrad“, wie eine Würzburger Studie von 2018 befand.[64] Aus fränkischer Sicht stimmt das wohl. Man guckt von hier nach Koblenz, Goslar oder Hamburg und findet jenseits der gefühlten Grenze vor allem die geschichtlichen Abweichungen von der Regel. Leipzig soll schön sein. Im dreibändigen Opus *Deutsche Erinnerungsorte* von 2001 sucht man den Kyffhäuser vergeblich.[65] Fehlanzeige auch in Martin Sabrows *Erinnerungsorte der DDR* (2009), wo Tübkes *Panorama* wenigstens hätte gelistet werden können. Die allermeisten Texte lesen sich hier, wie von der Aussichtsplattform-West an der innerdeutschen Grenze, wie (immer noch) vom „Zonenrand“ aus verfasst, mit neugierigen und zugleich paternalistisch wertenden Blicken auf den Diktaturschutzpark.[66] Die Befunde spiegeln die altbundesrepublikanische Brille und, wenn man so will, *Bonner Provinzialität*, durch die die *deutschen Dinge* wissenschaftlich und moralisierend zugleich noch lange nach 1990 gesehen wurden. Die gewesene DDR und ihre politische Nachfolgelandschaft, der *Osten*, erscheinen dadurch als die andere, nachhaltig-defizitäre deutsche Existenz.[67]

Ob Rückert und die Romantiker in den deutschen Kadettenanstalten der 1860er-Jahre ein Thema waren, der junge Hindenburg mit Barbarossa die neue deutsch-preußische Monarchie herbeiwünschte? Viele Offiziere des Königs wollten damals nur „gut preußisch" bleiben. Wo Felddienstordnung und Bibel genügten, war das romantische Mittelalter, zumal süddeutsch eingefärbt, vielleicht auch verzichtbar. Aber wer weiß. Hindenburg war in den 1870er-Jahren Absolvent der Berliner Kriegsakademie, einer „Elitehochschule" des preußischen Militärs,[68] und als solcher nicht unbelesen. Mit den populären Barbarossa-Gesängen fand das Herrscherlob seinen Ort in der Mitte der Gesellschaft. Es schloss die kleinen Leute als Träger eines wie auch immer gearteten Volkskaisertums ein. Von ihnen sang man eigene Lieder. Von unglaublichen Heldentaten kecker Untertanen wurde da berichtet, und es gab beileibe nicht nur Rückert. So lobte Ludwig Uhlands *Schwäbische Kunde* die martialische Leistung eines einfachen Mannes auf Kreuzzug:

> „Als Kaiser Rotbart lobesam
> zum heil'gen Land gezogen kam,
> da musst' er mit dem frommen Heer
> durch ein Gebirge wüst und leer.
> Da selbst erhob sich große Not.

Viel Steine gab's und wenig Brot.
Und mancher deutsche Reitersmann
Hat' dort den Trunk sich abgetan.
Den Pferden ward so schwach im Magen,
fast musst der Reiter die Mähre tragen."

Der wackere Schwabe verlor mit seinem kranken Pferd den Anschluss an die Truppe und sah sich plötzlich einer türkischen Reiterschaar gegenüber. Mutig ging er auf sie los, spaltete am Ende einen der Türken in zwei Teile, sodass die anderen entsetzt das Weite suchten:

„Zur Rechten sieht man, wie zur Linken,
Einen halben Türken heruntersinken."

Vom Kaiser zitiert und zu seiner Tat befragt, verwachsen in der Pointe Groß und Klein:

„‚Sag an, mein Ritter wert!
Wer hat dich solche Streich gelehrt?'
Der Held bedacht sich nicht zu lang:
‚Die Streiche sind bei uns im Schwang;
sie sind bekannt im ganzen Reiche,
man nennt sie halt nur Schwabenstreiche.'"

Der kecke kleine Mann und sein gerechter Kaiser. Und wenn sie nicht gestorben sind, dann kämpfen sie noch heute. Heldentaten und Kindermärchen treffen sich.[69] Obwohl Barbarossa längst tot war, ziehen alle weiter an einem Strang. So wollte es uns Uhland 1814 erzählen, inzwischen allerdings weniger gegen die Türken als gegen die Franzosen gerichtet. Es war wie immer in den schön ausgemalten Bildern: Am Abend nach der Schlacht lodern die Feuer. Der König sitzt bei seinen Getreuen, der Marschall bei seinen Soldaten. Man erzählt sich unglaubliche Geschichten und wundersame Anekdoten. Der Krieg und die ganze Welt werden besser als sie sind und waren. Nach 1918 wurde die Erfahrung einer militärischen „Frontgemeinschaft" mit der Hoffnung auf „Kameradschaft", soziale Gerechtigkeit und Klassenlosigkeit verbunden. Es ging darum, der Niederlage einen Sinn zu geben. Warum sollte das, was im Schützengraben funktioniert hatte, nicht auch im Frieden möglich sein? Der Friede war aber, wie sich bald zeigen sollte, nicht viel besser als der Krieg. Das Jahr 1923 hat Deutschland fertig gemacht, meinte einmal Sebastian Haffner.[70] Zwei Jahre später wurde Hindenburg Präsident. Die Weimarer Republik blieb unter ihm wie zuvor unter Friedrich Ebert ein Staat verwundeter Verlierer. Mein Großvater lernte Uhlands Gedicht vom „doppelten Türken" in einer sächsischen Volksschule der 1920er-Jahre, und das nicht einmal unter dem Rohrstock, mit dem er zu anderen Gelegenheiten auf die Finger bekam. Er konnte das Gedicht noch mit 90 auswendig. Die sagenhafte Kunde war hängengeblieben, ungeachtet aller dramatischen Untergänge, Umbrüche und Neuanfänge, die das *deutsche* Jahrhundert für den einfachen Arbeiter aus dem Erzgebirge noch bereithielt.

Orte, Herrscher, Texte. Die *Romantiker* schufen das Kaisergedächtnis durch ihre in die Landschaft erzählten Lyrics. „Wer macht, dass immer an den Kaiser gedacht?" Gereimte Reichstränen als Verlustverarbeitung im Bewusstsein einer am Ende doch unwandelbar guten, auf mythischen Gründen ruhenden Hierarchie der Welt.[71] So wurde dem Kyffhäuser durch die ewig wiederkehrende und immer wieder erzählte Geschichte Tradition eingeschrieben. Ein Volksgefühl belebte sich und blieb wach – nach 1806 und nach 1918 und noch einmal nach 1945. Das gab es nicht nur hierzulande,[72] nur war die rückwärtsgewandte deutsche Sehnsucht nach dem guten und starken Herrn besonders groß. Die politische Nutzung des Berges, der nach kurzer Rheinbundzeit unter Napoleon 1815 preußische Provinz geworden war, ging weiter: 1848 versammelten sich in den Ruinen treu gesinnte Patrioten mit einer Schwarz-Rot-Goldenen Nationalfahne. Man deklamierte Ernst Moritz Arndts *Was ist des Deutschen Vaterland* und Freiligraths *Barbarossas erstes Erwachen* mit den berühmten Zeilen „Ja, kommen wird die Zeit der Größe / Mein Volk, mein Vaterland für dich!“[73] Selbst die Demokraten wollten vom Kaisermythos nicht ablassen. Und wenn der Alte es nicht brachte, musste es eben der Berg bringen. Georg Herwegh spottete 1841:

„Zu lang war dem Kyffhäuser des Rotbarts Todesnacht,
da ist für seinen Kaiser der gute Berg erwacht.
Zu schanden ließ er werden der Raben schwarzes Werk,
der beste Berg auf Erden, das ist der Gutenberg.“[74]

Vielleicht war der Alte taub geworden und sein Zwerg Alberich blind? Und der Adler Gerwan, der von oben alles genau beobachten und im Falle des Falles Nachricht nach unten geben sollte, flog ganz woanders rum. Das Revolutionsgedächtnis war jedenfalls so romantisch wie das Kaisergedächtnis, und der demokratische Gedanke – weniger parlamentarisch als sozialemanzipatorisch – ein durchaus deutscher.[75] Selbst Heinrich Heine bringt dem geizigen Zausel eine gewisse Restsympathie entgegen:

„Er saß nicht mehr auf steinernem Stuhl,
Am steinernen Tisch wie ein Steinbild;

Er sah auch nicht so ehrwürdig aus,
Wie man sich gewöhnlich einbildt.
Er watschelte durch die Säle herum
Mit mir in trautem Geschwätze.
Er zeigte wie ein Antiquar
Mir seine Kuriosa und Schätze."

Zum Krieg fehlten Barbarossa im *Wintermärchen* die Pferde, und auf Eseln, zu denen ihm Heine riet, mochte er nicht in die Schlacht ziehen.[76] Im Beritt des Kaisers – Ludwig Bechstein erzählt die Geschichte 1838 in seinem *Thüringer Sagenbuch* – soll es einen wundersamen Schmied aus Jüterbog gegeben haben, der goldene Hufbeschläge und unzerbrechliche Rüstungen fertigen konnte.[77] Seinem Handwerk vermochte er im Berg aber nicht weiter nachzugehen, wohl weil goldene Hufbeschläge seit Eulenspiegels Streich beim König von Dänemark zwar in aller Munde, aber eben auch zu teuer und unnütz waren.

Nach 1871 war die feine Ironie weg, die um die eigene Sehnsucht nach dem Mittelalter wusste und diese zugleich kritisierte. Die Stimmung kippte ins Chauvinistische, ins „Kyffhäuserdeutsche".[78] Rotbart war wachgeworden, obwohl ihm Heine in die Gruft gerufen hatte, er solle bloß da unten, bloß *Fabelwesen* bleiben. Die Kriegervereine, inzwischen unter dem Dach des Kyffhäuserbundes, schlugen aggressive Töne an. Das Kaiserreich litt an Cäsarenwahn, fühlte sich wie der Stacheligel bei Wilhelm Busch, hochgerüstet, unbesiegbar und moralisch im Recht. Zur 25-jährigen Siegesfeier auf dem Kyffhäuser gab es keinerlei Zweifel mehr daran, dass, wer gegen Frankreich einen Krieg gewonnen hatte, nicht nur auf dem Schlachtfeld, sondern auch in kultureller Hinsicht der Größte war.

Kavallerie gab es oben inzwischen auch genug. Nur waren die Sieger bei genauerem Hinsehen in ihrer Arroganz dümmer, die Besiegten in ihrer Rachelust boshafter geworden. Nietzsche nannte das die „Exstirpation des deutschen Geistes zugunsten des ‚deutschen Reiches'".[79] Kultur und Politik, so seine Prognose, würden in Deutschland künftig dem Primat des Militärischen unterworfen sein, mit fatalen Konsequenzen, wie es sich 1914 zeigen sollte.

Die im siegesdeutschen Erinnerungstaumel von 1896 eingeweihte „Reichsburg mit Kaiser-Wilhelm-Denkmal" galt den alten und neuen Herrschern, aber auch dem kleinen Mann als eigentlichem *Helden* der deutschen „Einigungskriege" von 1864 bis 1871. Der preußische Deckel kam auf den staufischen Kochtopf. Notwendige Vollendung des Weltprozesses. Bar jeder Distanz oder gar Ironie schien sich die Nationalgeschichte in ein authentisches Deutschtum am Berg verwandelt zu haben. Als monumentales Doppelgrabmal und pompöse siegesdeutsche Kathedrale lässt sich der Kyffhäuser in Größe und Wucht mit der Detmolder Hermannstatue (1875), dem Hamburger Bismarck (1906) oder dem Völkerschlachtdenkmal (1913) vergleichen. Finanziert wurde der Bau über großangelegte Spendenaktionen der deutschen Kriegervereine.[80] Die Kombination *Rotbart – Weißbart* gab es noch öfter, fand sich seit 1876 etwa in den beiden lebensgroßen Sandsteinfiguren am Erfurter Rathaus sowie in den Reiterstandbildern (1900) vor der Goslaer Kaiserpfalz.[81] Das Kyffhäuser-Denkmal hatte der Berliner Architekt Bruno Schmitz (1858–1916) entworfen, der auch für das Deutsche Eck (1897)[82] und das Völkerschlachtdenkmal zuständig gewesen war. Auf dem Kyffhäuser zeigte sich wie an kaum einem anderen Ort die von Nipperdey festgestellte Vorliebe für stadtferne Denkmäler und Bergheiligtümer. Wenn das Rheintal mit seiner *Germania* im Niederwald die „Höhle der Deutschen"[83] war, dann war der Kyffhäuser ihr Berg. Nation und Geschichte machten die Deutschen immer gern „jenseits der Zivilisation in einem übergeschichtlichen Grund fest", wollten sie als ein „Abbild der Unendlichkeit" sehen.[84] Auf dem Kyffhäuser forstete man das zerfallene Mittelalter aus romantischen Resten wieder auf und militarisierte damit zugleich die an sich friedliche Kulisse.

Das Tandem „Barbarossa" und „Barbablanca" bündelte nun all dieses. Die Staufer-Hohenzollern-Synthese wurde um 1900 Teil einer modernen Medienwelt, in der historische Bildung bedeutete, von einer neuen Höhe der Kultur herabzusehen und sich als „genießender und herumwandelnder Zuschauer" in einer permanenten Weltausstellung zu befinden.[85] Nebenbei erzogen die heroischen Trümmer national und förderten die Ergebenheit vor den herrschenden Monarchen. Auf dem Kyffhäuser thronte und ritt nun der Hohenzollernkaiser über dem ganzen deutschen Mittelalter und einer gefühlten Reichgeschichte, die vom Teutoburger Wald bis ins *Hier und Jetzt* reichte. Das Pferd des Herrschers war das deutsche Volk, mit dem er alle Unbilden und Untiefen überflog und eine zersplitterte und zwieträchtige Vergangenheit mit der Gegenwart versöhnte. Der Rest des Formenarsenals liegt oder sitzt geschlagen und unterwürfig. Auch Rotbart lümmelt gelangweilt im Felsenhof. Er muss nicht mehr eingreifen. „Weißbart" Wilhelm war eine Erfindung Felix Dahns zu Ehren des in Versailles gekrönten Kaisers.[86] Während Volkschüler das „Heil Dir im Siegerkranz" deklamierten, waren Dahns Verse die für andächtiges Lateinpauken taugliche Materie:

„Macte senex Imperator,	Heil dir, greiser Imperator,
Barbablanca, triumphator,	Barbablanca, Triumphator,

Qui vicisti Galliam	Der du Frankreich niederzwangst
Et coronae Germanorum	Und der Krone der Germanen,
Post viduvium saeculorum	Witwe längst des Ruhms der Ahnen,
Reddidisti gloriam.	Glanz und Schimmer neu errangst!“

Grammatikalisch gut machbar, die paar Genitive und das Siegesperfekt *reddidisti*. Lernziel Untertan, Feindbild Frankreich. Im Rückblick gleichen sich die Dinge: Je größer das Reich, desto verhängnisvoller der Untertanengeist. Dabei war, wieder sah der Zeitgenosse Nietzsche die Dinge sehr klar, die „Kleinheit und Erbärmlichkeit der deutschen Seele“ keine notwendige Folge der Kleinstaaterei. Man sei „bekanntlich in noch viel kleineren Staaten stolz und selbstherrlich gewesen. […] In wessen Seele [aber] ein sklavischer Imperativ ‚du sollst und mußt knieen!‘ eine unfreiwillige Nackenbeugung gebietet vor Ehren-Titeln, Orden, gnädigen Blicken von oben hinunter, der wird sich in einem Reich nur noch tiefer bücken und den Staub vor dem großen Landesvater nur noch inbrünstiger auflecken, als er es vor dem kleinen that.“[87]

Nicht überall war das so, aber auf dem Kyffhäuser schon. Formal gehörte er zum Herrschaftsgebiet der Fürsten von Schwarzburg-Rudolstadt. Jedoch schien der Berg erst in dem „einem Reich“ unter „dem [einen] großen Landesvater“ seine Erfüllung gefunden zu haben. Die Denkmaleinweihung von 1896 war gefühlter Gipfel und vorläufiges Ende der Geschichte. Mythenversessen feierte der sich in strenge Kleider einknöpfende Deutsche vergangene und gegenwärtige Größe. Die glorreich imaginierte Nation war zu sich selbst gekommen und arbeitete dabei nicht mehr nur im Modus der Herabsetzung, sondern der Verfeindung.[88] Der Berg brauchte seinen französischen Feind. Wilhelm II. hatte die Einweihung des Denkmals auf den 18. Juni 1896 festgelegt, im Gedenken an die Schlachten von Fehrbellin (1675) und Waterloo (1815) sowie an den Einzug preußisch-deutscher Truppen in Berlin 1871, die sämtlich auf diesen Tag gefallen waren.[89] Aus Barbarossas Bart marschierten die Regimenter der Preußen. Wie Fackeln an der Heeresstraße ins nationale Glück leuchteten die Siegesorte auf: Leipzig und Waterloo, die Düppeler Schanzen, Königgrätz, Gravelotte und Versailles. Die Geschichte hatte sich als „gerade Linie ins Unendliche“ (Fichte) vollzogen. „Ohne Jena kein Sedan“, lautete dazu der Bismarck'sche Kommentar aus dem Jahre 1892.[90] Maximilian Harden bemerkte zu den zwanghaften Versuchen historischer Identitätsbildung: „Nur der Parvenü sucht sich geschäftig Ahnen.“[91] Ein heftiger Aprilscherz fand sich 1907 im *Simplicissimus* unter dem Titel „Des deutschen Knaben Morgengebet“:

„Du lieber Gott, ich danke dir,
Dass ich ein deutscher Knabe
Und dass ich einen deutschen Gott
Und deutsche Eltern habe.
Ich kann ja freilich nichts dafür:
Wie's kommt, so muss man's nehmen.
Doch wär' mein Vater ein Franzos,
Wie müsst' ich mich da schämen!
Verdorben wäre und verwelscht
Mein Denken und mein Sinnen;
Die Mutter wäre liederlich

Wie die Pariserinnen.
Der Vater, statt zum Skat zu gehn
Am Stammtisch an der Schenke,
Ging' abends ganz woanders hin --
mich schaudert's, wenn ich's denke!
Vor allem aber: als Franzos,
Allgütiger, Allweiser,
Da hätt' ich wohl ein Vaterland,
Doch hätt' ich keinen Kaiser!"[92]

Es gab auch dieses andere Kaiserreich. Kritik an Staat und Politik und (dosiert) sogar am Monarchen selbst waren durchaus möglich. Nur hatten die Deutschen um 1900 insgesamt zu viel ‚Feind' und ‚Ehr' bei allzu großer Anbetung der Macht im mentalen Gepäck. Der Cäsarenwahn speiste sich aus verschieden sozialmoralischen Milieus,[93] und er offenbarte sich nicht nur auf dem Kyffhäuser und am Deutschen Eck, sondern auch in den landauf, landab errichteten Bismarcktürmen.[94] Nebenbei kostete das alles viel Geld. Das Reich verschuldete sich wirtschaftlich wie geschichtspolitisch: „Die *großen Kriege* der *Gegenwart* sind die Wirkungen des *historischen Studiums*",[95] konstatierte Nietzsche. Felix Dahns *Barbablanca* und Ludwig Uhlands *Schwäbische Kunde* gehörten zum pädagogischen Pensum, das in diese Richtung wirkte.

Hindenburg-Dinge, die Russen und nachgeholte Deliberationen

„Ihr Deutschen müsst endlich lernen, mit euren Denkmälern und eurer Geschichte zu leben!"

Unbekannter russischer Offizier

Nach den Verwerfungen des *deutschen* Jahrhunderts mit seinen verheerenden Kriegen und Völkermorden, nach all den auch und gerade historisch legitimierten Verbrechen gegen die Menschlichkeit ist es fast erstaunlich, dass der Kyffhäuser, dieser nationalistische Maulwurfshügel, noch so unangefochten und weithin sichtbar über der *Goldenen Aue* thront. Er begegnet uns inzwischen nicht mehr allzu politisch, eher als Sagenlandschaft in unschuldiger Natur. Es gibt Kaffee und Kuchen in der Burgkantine. Kinder können Steine in den Burgbrunnen werfen, den tiefsten der Welt. Der Berggeist meldet sich mit tiefer Stimme, wenn Barbarossas Schlaf gestört wird. Schön sind die Ausblicke in die friedliche Landschaft, deren Artefakte von oben wie Riesenspielzeug wirken. Die nationalistischen Verfinsterungen von einst kann man indes noch ahnen, und ein wenig düster und drohend wirkt der Ort in seiner Wucht noch immer. Auch als historische Kulisse macht er ein ernstes Gesicht. Der Betrachter fühlt sich winzig angesichts des meterlangen, steinernen Rotbartes in der Grotte, wie unter dem massigen Gemächt des Hohenzollernhengstes, das man aus einem Turmfenster aufblickend bestaunen kann.

Bis vor Kurzem stand die riesige Flasche *Schierker Feuerstein* am Burghofeingang, wie eine Kanone zur Abwehr von *Jägermeis-*

ter. Hier beginnt der Weg nach oben, vorbei an Hindenburg, dem jüngsten und vermutlich letzten Geschichtsporphyr des Berges. In seiner Grube liegend wird er kaum wahrgenommen. Man geht vorbei, sieht und ahnt hier unten zudem wenig von dem, was oben kommt. Der Aufstieg ist eigentlich ein Abstieg in eine doppelte Reichsgeschichte, durch deutschen Mischwald vorbei am „Botschaftsgedenkstein" mit der Mahnung des Hohenzollern von 1881, die Arbeiterschaft bei aller großen Politik nicht zu vergessen. Die im Reichstag verlesene „Kaiserliche Botschaft" zur Unfall- und Krankenversicherung, von Bismarck initiiert und formuliert, kommt einigermaßen überraschend unterhalb der so martialischen Trutzburg mit ihren Pickelhaben und Schwertern:

> „Wir halten es für Unsere kaiserliche Pflicht, dem Reichstage die positive Förderung des Wohles der Arbeiter von neuem ans Herz zu legen und dem Vaterlande neue und dauernde Bürgschaften seines inneren Friedens und den Hilfsbedürftigen größere Sicherheit und Ergiebigkeit des Beistandes, auf den sie Anspruch haben, zu hinterlassen. Für diese Fürsorge die rechten Mittel und Wege zu finden, ist eine schwierige, aber auch eine der höchsten Aufgaben jedes Gemeinwesens, welches auf den sittlichen Fundamenten eines christlichen Volkslebens steht."[96]

Die Bronzetafel mit dem Text war 1896 unter einem romanischen Bogen am Wegrand platziert worden und hing dort, bis man sie 1960 im Auftrag des Rates des Kreises Artern demontierte. Der soziale Sinn dürfte die Genossen weniger gestört haben als das „christliche Volksleben". An die Stelle der Tafel kam ein Übersichtsplan der Wanderwege. In der alten Bundesrepublik gehörte die Botschaft zum Kanon der Verwaltungslehre.[97] 1993 wurde der Text auf einer Sandsteinplatte am alten Ort wieder sichtbar gemacht.[98] Über die *soziale Frage* kommt man aufsteigend zu den Rittern und Kriegern, erreicht die riesige Aufmarschfläche. Der Weg führt durch eiserne Tore, über monumentale Treppen und hartes Pflaster. Am Ende findet man sich zwischen tonnenschweren Sandsteinquadern vor rostbraunem Geröll. Fratzen unter Helmen grinsen böse von den Kapitellen. Das zweite Reich thront über dem ersten. Man ahnt das *dritte.*

Der Kyffhäuser ist das einzige Kaiserdenkmal des deutschen Ostens, das nach 1945 stehen blieb. Achteinhalb Tonnen Kupfer und Eisen.[99] Alle anderen Hohenzollernmonumente gingen entweder während des Krieges in die Metallspende oder wurden nach 1945 von Ulbrichts Genossen beseitigt. Kyffhausens Wilhelm überlebte, weil er hier, anders als auf Marktplätzen, in überhistorischer Kulisse inmitten des „Bergheiligtums" nicht als Zentralmotiv des architektonischen Formenarsenals wahrgenommen werden musste. In Wolfgang Staudtes Verfilmung von Heinrich Manns „Der Untertan" (1951) sieht man ein Reiterdenkmal des Kaisers in Rauch und Trümmern einer zerbombten deutschen Stadt. Es könnte Lübeck sein, wo eines der wenigen übriggebliebenen heute noch steht. Auf dem Kyffhäuser strich man Wilhelm I. 1947 die Inschrift zu seinem Namen: „Dem Begründer des Reiches / Die deutschen Krieger". Von der Straße zwischen Tilleda und Kelbra gesehen, erscheint der Kaiser auf seinem Pferd wie ein Spielzeugritter, der aus dem Turm reitet. Der preußische Pegasus vor dem Absturz. 1871 wollte der alte König gar nicht aufs deutsche Pferd. Die Verantwortung für Reich und Nation übernahm er nur missmutig, mit dem „Schmerz, den preußischen Titel verdrängt zu sehen!". Bismarcks Zeilen vom 21. Januar 1871 an Johanna sind oft zitiert worden: „Diese Kaisergeburt war eine schwere, und Könige haben in solchen Zeiten ihre wunderlichen Gelüste, wie Frauen, bevor sie der Welt hergeben, was sie doch nicht behalten können. Ich hatte als Accoucheur (Geburtshelfer) mehrmals das dringende Bedürfnis, eine Bombe zu sein und zu platzen, dass der ganze Bau in Trümmer gegangen wäre."[100]

Wilhelm blieb stehen auf dem Kyffhäuser, als „Reichsgründer" und Sozialpolitiker. Bereits in den 1920ern waren Schulklassen auf den Berg gekommen, die den ganzen militanten Budenzauber ablehnten und die Zerstörung des Denkmals forderten. Angesichts von Millionen Weltkriegstoten schien das nur vernünftig. Es blieben aber Ausnahmen. Nach dem Jubel über die in der Schlacht gewonnene Nation kam die Trauer über die durch den Krieg verlorene. Als Symbol der Einheit war das Ganze nach 1945 noch einmal verwertbar – als entlegener Hoffnungsberg der Deutschen bei inzwischen schwer gestörten nationalen Realitäten diesseits wie jenseits. Zwar war im Westen der Topos des Leidens an Deutschland inzwischen durch den Topos der *deutschen Schuld* ersetzt worden,[101] von dem sich die antifaschistische DDR ohnehin freigesprochen fühlte. Doch trafen sich auf dem Kyffhäuser weiterhin Deutsche aus Ost und West. Seit 1972 kamen die Besucher aus Kassel oder Göttingen im kleinen Grenzverkehr über Worbis und Sangerhausen für ein, zwei Tage. Es war nett, solange man sich an die Regeln hielt. Zum verbindlichen Umtausch von 25 D-Mark eins zu eins in Mark der DDR kam jede Menge *schwarzes* Westgeld in die Hotels und Konsumgaststätten. Die sozialistischen Oberkellner waren wer. Wenn die „Aluchips" ausgegeben waren, kostete der Nordhäuser eben zwei Mark West. Der Kyffhäuser gehörte wie Weimar oder Dresden zu einem Valutakleindeutschland. Als eine ihrer letzten Briefmarken brachte die Deutsche Post der DDR im Sommer 1990 ausgerechnet das Kyffhäuser-Denkmal heraus, für 60 Pfennige, wenig später auch in der D-Mark Ausgabe. Ostalgische Deutschlandwerbung im Übergang.

Hindenburgdenkmäler gibt es heute nicht mehr. Ein paar Plätze und Straßen, hier und da ein Turm oder eine Büste finden sich noch. Denkmäler gab es ohnehin nur zwei. Eines stand in Ostpreußen, das andere in Westthüringen (oder ernestinischen Sachsen). Die memorialkulturelle Überschaubarkeit hatte mit der kurzen Halbwertszeit zwischen Hindenburgs Tod und dem verlorenen Zweiten Weltkrieg zu tun. Das hieß nun aber nicht, dass der Mann marginal gewesen wäre. Im Gegenteil. Seit dem Sieg von Tannenberg gegen die Russen im August 1914 war er *der* deutsche Held, ein lebendes Denkmal. Die Schlacht gegen die Russen und der siegreiche Feldherr fielen in eins, verschmolzen zu einem einzigen *Erinnerungsort.*[102] Tannenberg war im Deutschland der Zwischenkriegszeit, wie sonst nur *Langemark*, zu einer Metropole des Gedenkens geworden. Dabei hatte Hindenburg, ähnlich Lenins Festsitzen in der Schweiz bei Ausbruch der Revolution von 1917, zu Kriegsbeginn untätig zu Hause gesessen. Wie jener die Revolution, hatte Hindenburg seit Jahrzehnten den Russenfeldzug durchexerziert und war jetzt, als es wirklich losging, nicht dabei. Im Zivilrock konnte er nur „auf der Landkarte mit Fähnchen die Fortschritte und Fehler der einberufenen Generäle“ nachzeichnen.[103] Als Ludendorff zum Generalstabschef der 8. Armee berufen wurde, wusste man noch nicht, ob der designierte Oberbefehlshaber Hindenburg überhaupt zu finden sei und annehmen würde.[104] Doch dann war urplötzlich alles anders. Er kam, sah und siegte. An seine Frau schrieb er kurz nach der Schlacht: „Dein Alter wird noch einmal ein berühmter Mann.“ Aus dem braven Generalstäbler und Ruheständler war über Nacht ein „neuer Marschall Vorwärts“, ja ein „neuer Hannibal“ geworden. In Karikaturen stellte man ihn schlicht und deutsch als „aufmerksamen

Schrankenwächter" hin, der die „russische Dampfwalze" stoppte. Er wurde lebendiges „Denkmal für das deutsche Volk". Zum 75. Geburtstag erschien der gleichnamige Prachtband, der zum 80. noch einmal aufgelegt und bis 1938 über eine halbe Millionen Mal verkauft wurde.[105] Überall herrschte nun „Hindenburgischer Geist", zu Wasser, zu Land und in der Luft. Selbst bei Gallipoli hatte er gesiegt, ohne auch nur einen Türken zu erwähnen.[106] Maßlose Überhöhung, fabelhafte Vergrößerung. Die ganze Welt wurde zum Fotoalbum mit „getreuem Eckart", „deutscher Eiche", Heros von „eiserner Gesundheit", der „für Gicht und Podagra [...] keine Zeit" hatte.[107] Gern und oft ließ sich der Generalissimus auch in Kindergärten ablichten, umgeben von Jungs mit Halstüchern und Mädels in weißen Kleidchen. Fanpost kam in Wäschekörben. Ein Zoodirektor schickte Fotos einer neuen Beuteltierkreuzung namens *Hindenburg*, Hebammen meldeten sich mit der Bitte, nur rasch den Krieg siegreich zu beenden, „weil ohne Männer keine Kinder und sie deshalb außer Brot kämen".[108] Hindenburgs Popularität überstand das Kriegsende und blieb nicht nur ungebrochen, sondern steigerte sich noch weiter, was die Präsidentenwahlen von 1925 und 1932 zeigten. In einem Gedicht von 1917 wurde er als eigene *MARKE* angepriesen:

„Jedermann staunt in dem Weltenkriege
Über die herrlichen Hindenburg-Siege.
Immer zur richtigen Zeit schlagbereit
Jedermann staunt ob der Vielseitigkeit,
Jedermann staunt, der ins Zeitungsblatt stiert,
Was unser Heerführer außerdem – „führt"!
Hindenburg-Honig-Hindenburg-Schmiere,
Hindenburg-Cognac-Hindenburg-Biere,
Hindenburg-Schnitzel und Hindenburg-Speis,

Hindenburg Kaffee und Hindenburg-Eis,
Hindenburg-Keks und Hindenburg-Torte,
Hindenburg-Tabak, Hindenburg-Sorte,
Hindenburg-Messer, Hindenburg-Früchte,
Hindenburg-Streichhölzer, Hindenburg-Lichte,
Hindenburg-Wichse, Hindenburg-Fett,
Hindenburg-Stiefel, Hindenburg-Bett,
Hindenburg-Schlipse, Hindenburg-Tücher,
Hindenburg-Bleistifte, Hindenburg-Bücher,
Hindenburg-Tropfen, Hindenburg-Pillen,
Hindenburg-Gläser, Hindenburg-Brillen,
Hindenburg-Uhren, Hindenburg-Ringe,
Und tausend anderlei Hindenburg-Dinge!
Alles für ‚Hindenburg', wohin ich kieke,
Marschall, *wo haste die große Fabrike?*"

Die Zeilen finden sich anonym in der damals von Kurt Tucholsky redigierten Zeitschrift *Flieger*.[109] Konsumcharisma trotz Hungerwinter. Im *Kladderadatsch* erscheint er 1916 als Weihnachtsmann, der einen Pfefferkuchenersatz, Marke Hindenburg im Sack hat.[110] Hindenburgs Fabrik arbeitete in den Köpfen der Leute über den Krieg hinaus. Zu seinem Kyffhäuserauftritt von 1924 vermeldete die *Frankenhäuser Zeitung* „allein in der 6. Abendstunde 253 Autos und 147 Geschirre", nicht gezählt Postkraftwagen und Lastautos. Hinzu kam ein gefühltes neues Tempo am Berg:

> „Auch was an Motorrädern und Fahrrädern auf dem Kyffhäuserberge angesaust kam, ist bedenkend, und wie viele sind zu Fuß hinaus gepilgert? Es ist nicht zu hoch gegriffen, die Zahl der Besucher auf 20.000 zu schätzen.

Die Kraftwagen und Geschirre standen [...] bis zur Kelbraer Chaussee hinunter."[111]

Ersatzkaiser noch unter Wilhelm II., ließ sich Hindenburg nach dessen Abdankung als Militär pensionieren, um als Politiker bald wieder an die Spitze zu gelangen. In Japan herrschten die Shogune als die ersten Generäle anstatt schwacher Kaiser über Jahrhunderte. Am Ende kamen jene aber wieder zur Macht. Nicht so in Deutschland. Zu Hindenburgs 70. verliehen dem Feldmarschall Hunderte deutscher Städte die Ehrenbürgerwürde. Ein innenpolitisch einflussreicher Akteur war er da längst. Bereits Anfang 1915 hatte er beim Kaiser den Rücktritt Falkenhayns gefordert, dem er dann als Chef der Obersten Heeresleitung nachfolgte. 1917 gehörte er zu den Verfechtern des uneingeschränkten U-Boot-Krieges, der den Kriegseintritt Amerikas provozierte.[112] Auch intrigierte er gegen den Außenamtschef Richard von Kühlmann, dessen maßvolle Kriegszielpolitik den führenden Militärs ein Dorn im Auge war. Der Kaiser ließ Kühlemann daraufhin im Juni 1918 fallen.[113] Die monarchische Staatsform bekräftige der Feldmarschall bis zuletzt gegen alle konstitutionellen und liberalen Reforminitiativen.

Auf dem Geburtstagsfoto vom 2. Oktober 1917 sieht man ihn wohlgenährt neben Ludendorff. Die Eintracht täuscht. Am Kartentisch der Tannenbergschlacht wollte der eigentliche Macher Ludendorff nicht einmal gemalt zu seinem Chef aufschauen. Hugo Vogel, Schöpfer des später berühmt gewordenen Bildes, konnte ihn wenigstens dazu bewegen, neben Hindenburg beratend auf die Karte zu blicken.[114] Im hunderttausendfach aufgelegten „Hindenburg-Denkmal für das deutsche Volk" ist das Bild untertitelt mit „Die beiden Getreuen beim Kriegsplan".[115] Ich finde es noch in einem Band „Führertum" von 1937, worin Hindenburg und Ludendorff als ein „Feldherrenpaar" und *Wegbereiter* des Nationalsozialismus gepriesen werden.[116] Dem Bildprogramm Vogels entsprechend, bei dem der Chef die Beine locker übereinandergeschlagen hat und in abgeklärt fragender Haltung den über der Karte brütenden Ludendorff beobachtet, traf man stets in vollkommenem Einklang die richtigen Entscheidungen. Die Fehler machte das politische System. Dass sich Ludendorff seinem direkten Vorgesetzten gegenüber spätestens seit dem Herbst 1918 nur noch wenig respektvoll verhielt, war indes kein Geheimnis. Zur Einweihung des Tannenberg-Denkmals 1927 wollte er zunächst gar nicht kommen, da er nicht mit dem „abtrünnigen Diener von Juden und Freimaurern" in einem Wagen fahren wollte. Er ließ sich dann zwar von Hindenburg begrüßen, verließ aber demonstrativ die Tribüne, als dort der Reichskanzler Marx erschien, als Zentrumsmann in den Augen Ludendorffs ein „Knecht Roms". Zur anschließenden Parade positionierte er sich so, dass ihn die vorbeimarschierenden Truppen zuerst grüßen mussten.[117]

Die feinen Unterschiede hatte es schon früher gegeben. Während Ludendorff an Großkampftagen gar nicht zu sehen war, unruhig durch die Gegend lief, nervös Brotkrümel zwischen Daumen und Zeigefinger rollte, erschien Hindenburg stets pünktlich und aufgeräumt bei Tisch, schlief gut und fest. Emil Ludwig erzählt zu diesem mit Gottvertrauen und Königstreue verbundenen phlegmatischen Charakterzug, wie der Elfjährige, als er 1859 an die Berliner Kadettenanstalt ging, ein Testament verfasste. Er verteilte sein Spielzeug unter die Geschwister und bat, einem armen Freund immer eine Semmel zum Frühstück abzugeben. Auf einer Ecke am Rand vermerkte er noch: „Friede und Ruhe bitte ich mir für immer aus." Ludwig wollte darin den „Grundzug seines Wesens" erkannt haben:

„Wille zur Ruhe, Gelassenheit, keine Aufregung, dies und die ganze grandiose Gesundheit bildeten das Fundament, auf dem seine nervenlose Existenz aufbauen konnte."

Als „nervenlose Existenz" und ein Mann mit *eisernem* Willen stand Hindenburg nicht nur beim Volk, sondern auch bei Intellektuellen und Gelehrten hoch im Kurs. So erhoffte sich Oswald Spengler 1917 für den künftigen deutschen Roman einen „Hindenburgstil" – „kurz, klar, römisch, vor allem natürlich".[118] Ernst Haeckel, der deutsche Darwin, hielt einen siegreichen „Hindenburg-Frieden"[119] noch im Herbst 1918 für ausgemacht. In einer Weltgeschichte von 1919 sah der Historiker Alexander Cartellieri in ihm die Verbindung der „Feldherrnkunst Hannibals mit der Pflichterfüllung Kants".[120] Ein Mann der *Sekundärtugenden* war Hindenburg durchaus. Selbst Kritiker kamen an ihm nicht vorbei. Karl Kraus lässt Korporierte zum Geburtstags-Kommers einen Tannenbergsong auf die Melodie des alten Studentenliedes *Als die Römer frechgeworden* grölen:

„Darauf hat er kurz besonnen
Gleich den Feldzugsplan begonnen.
Schon im Eisenbahncoupé
Sprach er: ‚In den Narewsee!'
Und kaum daß er angekommen,
Sind die Russen schon geschwommen
In dem See bei Molch und Lurch.
Ja, so war der Hindenburch!
Dreimal so zu Frosch und Unke
Tauchte er sie in die Tunke.
Jeder Tümpel, Sumpf und Teich
War verrußt bis an das Aich!"[121]

Wäre es doch beim Schlachtenlenker und General im Ruhestand geblieben. Aber Hindenburg hörte nicht auf. Und seine Verehrung schon gar nicht. Trotz ephemerer Schattenhaftigkeit im tatsächlichen Wirken und offensichtlichem Versagen in entscheidenden Momenten genoss Hindenburg diese riesenhafte Popularität bis zu seinem Ende.

Inzwischen werden ihm die Ehrenbürgerwürden reihenweise wieder aberkannt, und das nicht etwa, weil er die Russen 1914 in die *Tunke* getaucht hat. Im bayrischen Dietramszell, wo der Reichspräsident gern auf Jagd ging, Hitler 1932 aber mehr Stimmen bekam als er, schlugen die Debatten besonders heftig aus. Der bayrische Ort war in die Schlagzeilen geraten, weil der Gemeinderat sich gegen die Aberkennung der Ehrenbürgerwürde Hindenburgs (1926) und Hitlers (1933) in einem Aufwasch verwehrt hatte. Das stimmte zwar nur in Teilen, am Ende aber distanzierte man sich nicht nur von beiden, sondern nahm ihnen die Würde, die mit ihrem Tod eigentlich bereits erloschen war, unter dem Druck der Öffentlichkeit ein zweites Mal.[122] Wolfram Pyta, guter Kenner der Materie und seit Erscheinen seiner Hindenburg-Biografie (2007) bei solchen Gelegenheiten öfter gefragt und geholt, erzählt von Möglichkeiten und Grenzen wissenschaftlicher Deliberation. Gemeint ist damit eine erinnerungspolitische Beratschlagung auf der mittleren Ebene. Der Stuttgarter Historiker plädiert für den mündigen und sehr wohl kundigen Politiker Hindenburg, der 1933 noch genauso zurechnungsfähig und somit auch verantwortlich war wie 1914.[123] Pyta interessiert sich für strukturelle Verwandtschaften von militärischen und politischen Entscheidungslagen, so wie sie in der Zwischenkriegszeit in vielen europäischen Staaten auffällig waren. Vor allem gewesene „Kriegshelden" sahen sich nach 1918 durch Revolutionen, Putsche oder wie Hindenburg sogar demokratisch aufs Schild gehoben. In Krisenzeiten funktionierten *Befehl* und *Gehorsam* besser. Auf das Chaos von Krieg und Revolution reagierte die Ordnung. Nationale Diktatoren vom Typ des populären Militärs oder *Arbeitersoldaten* stiegen auf und gehörten in die Periode der Demokratisierung und Faschisierung Europas in den 1920er- und 1930er-Jahren. Auch Hindenburg ist dieser *Moderne* eingeschrieben, so wie die ganze Weimarer Republik und der Nationalsozialismus. Als zivil-militärische Ordnungsfigur ist er ein Argument gegen den *deutschen Sonderweg*. Hindenburg war nur einer unter vielen neuen Ministern, Präsidenten, „Reichsverwesern" oder Militärdiktatoren, die für die politische wie erinnerungspolitische Konstitution fragiler Nachkriegsnationen entscheidend wurden.[124] In Polen gab es Józef Piłsudski, in der Türkei Mustafa Kemal, in Ungarn Miklós Horthy. Auch der slowakische General Štefánik, mit dem sich bis heute antitschechische Verschwörungstheorien verbinden,[125] oder Finnlands Generalissimus Mannerheim gehören in diese Gruppe. Miguel Primo de Rivera und General Franco manifestierten in Spanien die Militärdiktatur. Verbunden mit diesen populären Figuren war die Entstehung heroischer Geschichtslandschaften mit Denkmälern und Erinnerungsorten. Tannenberg und der Kyffhäuser gehörten dazu, Ypern, Verdun und Gallipoli sowieso. Bei Hindenburg kam das hohe Alter als ein Problem besonderer Art hinzu. Ähnlich wie bei Marschall Petain, dem französischen Weltkriegshelden und greisen Vasallenpräsidenten Frankreichs seit 1940, verbürgte dies zwar Würde durch Erfahrung und Ansehen, schützte aber weder vor politischen Fehltritten noch vor Verantwortung und Strafe. Petain, nur wenig jünger als Hindenburg, hatte das Kriegsende überlebt und war für seine Kollaboration mit Hitler zunächst zum Tode, wegen seines hohen Alters dann zu lebenslanger Haft verurteilt worden.

Der Hindenburg-Hitler-Konnex lässt sich faktisch wie erinnerungspolitisch nur schwer entzerren. Gleich nach der *Machtergreifung* hatte man in allen deutschen Städten republikanische Symbole aus der Öffentlichkeit entfernt und parallel durch Hitler- und Hindenburgstraßen, -plätze und -schulen ersetzt.[126] Auch prangte der massige Tannenbergschädel seit 1934 auf den neuen deutschen Fünfmarkstücken über Reichsadler und Hakenkreuz. In der Reichskanzlerfrage, so meint Wolfram Pyta, gab es 1933 nicht nur aus Sicht Hindenburgs durchaus Alternativen. Man müsse sich auch die anderen Möglichkeiten bewusst machen, vor allem dann, wenn sie den Zeitgenossen vor Augen standen.[127] In Dietramszell konnte er seinerzeit ein wenig zu Deeskalation und Instruktion beitragen. Die Leute kamen zahlreich, hörten diszipliniert zu, diskutierten eifrig. Das ist bei vergleichbaren Live-Veranstaltungen zumeist der Fall. Die Skandale produziert oder inszeniert eher der mediale Hinter- oder Untergrund, zumeist aus sicherer Distanz zum „empörenden Geschehen". In der Matrosenstadt Kiel taufte man das seit 1933 existierende „Hindenburgufer" 2014 zur „Kiellinie" um. Als der Stadtrat von Hannover 2014 gegen die dortige Hindenburgstraße entschied, geschah das auch aufgrund der Thesen Pytas, die eben widerlegen, dass Hindenburg 1933 „nicht mehr Herr seiner Entscheidungen" gewesen sei.[128] Dass der Mann schlicht „Täter" war und daher kein Ehrenbürger sein könne, entschied zuletzt der Berliner Senat. Hindenburg stehe, zumal auch hier wiederum erst 1933 mit Hitler zu Ehren gekommen, für eine „antidemokratische Tradition".[129] Indes liegen die Dinge nicht immer so klar wie in der Hauptstadt und für die dort verantwortlichen Stadträte. Die Erzählungen und Nacherzählungen schwanken wie Schiffsplanken im Ozean. In postheroischen Zeiten mehr denn je. Das mag Wolfram Pyta bei seinen Auftritten erfahren haben, und das erfährt man so auch auf dem Kyffhäuser.

Kampagnen zur Umbenennung von Hindenburgstraßen, -plätzen, -dämmen laufen, und es ist gut, wenn Kommunen darüber kontrovers debattieren. Schaut man in den *Wikipedia*-Artikel zu Hindenburgs deutschen Ehrenbürgerschaften, so fällt auf, dass vor 1989 nur wenige Städte auf die Idee einer Aberkennung kamen. München, Gelsenkirchen und Marburg – hier unter heftigen Debatten um die Grablege der Hindenburgs in der Elisabethkirche[130] – tilgten gleich nach dem Krieg alle Spuren des Feldmarschalls im öffentlichen Stadtbild. Später gab es anderswo Wichtigeres zu tun. Eine abwägende Auseinandersetzung verhindert heute häufig das Totschlagargument, Hitlers Untaten und die Naziverbrechen würden durch eine unkritische Haltung gegenüber oder das bloße Eingehen auf *xyz* (Hindenburg zwischen y und z) „verharmlost". Gegen derlei Polemik, die nicht selten gerade denjenigen, die sich um eine differenzierte Analyse bemühen, „Geschichtsvergessenheit" vorwirft, lässt sich wenig machen. Eine ergebnisoffene wie tatsachengestützte Aussprache, so wie sie Pyta am Herzen lag, ist da bereits unerwünscht. Die totale Flurbereinigung scheitert bisweilen aber am Widerstand der Bevölkerung. Ein Beispiel dafür ist die Stadt Münster. Hier wurden gleich nach dem Krieg eine Hindenburgstraße und die Hindenburgschule umbenannt. Der alte Schlossplatz hingegen behielt weiterhin dessen Namen. Die mittlere Variante. Die über Jahrzehnte um die Benennung schwelende und immer wieder aufflammende Debatte zeugt von einem lebendigen Umgang mit dem schwierigen Erbe. Ob der in der Region vorherrschende Katholizismus etwas damit zu tun hat? Es grummelte in Münster jedenfalls weiter um den Hindenburgplatz, bis es dann 1974 so richtig losging. Nun plädierte die DKP für eine Umbenennung in „Dr. Salvador-Allende-Platz" als Reminiszenz an den durch Pinochets Putsch von 1973 entmachteten chilenischen Sozialismus. Die Öffentlichkeit war in Bewegung und die Stimmen für den Wechsel wurden lauter. Im Osten bekam Allende damals in fast allen Großstädten seine Allee, und wir Jungpioniere skandierten: „Freiheit für Louis Corvalán“ und „Unidad Popular“. Wie ergreifend war die Geschichte vom mutigen Präsidenten, der seine Sache bis zuletzt noch auf verlorenem Posten mit Stahlhelm und Maschinenpistole verteidigt und sich erschossen hatte, als alles verloren war. Im Gegensatz zu Hindenburgs seelenruhiger Existenz ein wahrlich *heroischer* Lebenslauf. Die Solidarität mit Chile und Nicaragua, mit Angela Davis, Ho Chi Min und Fidel Castro gegen den US-Imperialismus war eine Art Ersatznationalismus – mehr oder weniger verordnet im Osten, selbstmobilisiert im Westen. Auch Hindenburg hatte vom verwundeten deutschen Nationalismus abgelenkt, weil man diesen mit ihm heroisieren und also verfälschen konnte.

Das in die Debatte einbezogene Münsteraner Stadtarchiv gutachtete 1974 gegen den DKP-Antrag. Man war ja nicht in der DDR. Es gebe, so nahm man die Anklagepunkte auf, keine Erinnerung an eine „militaristische, kolonialimperialistische und faschistische Vergangenheit“ im Stadtbild, womit nicht nur Hindenburg gemeint und exkulpiert war. Die Stadt entschied entsprechend für Beibehaltung des Namens „Hindenburgplatz“. Dann blieb es lange ruhig. Erst 1995 folgten erneute Initiativen zur Umbenennung. 1997 stieß die Volkshochschule eine Bürgerumfrage an. Die Leute waren wach. Mit knapper Mehrheit behielten noch einmal Hindenburgs Verteidiger die Oberhand. Der Stadtrat bestätigte einstimmig.[131] Zeitgleich lehnte der Senat der Universität die Streichung Wilhelms (des Zweiten) aus ihrem Namen ab.[132] 2011 neigte sich die Waage dann doch zu Ungunsten Hindenburgs. Zunächst fühlten sich die Leute durch eine Fragebogenaktion des Rates gegängelt, der jetzt die erinnerungspolitische Wende erzwingen wollte: „Nach neueren quellengestützten Forschungsergebnissen", so der suggestive Impuls, „ist der damalige Reichspräsident Paul von Hindenburg als Stütze des NS-Regimes anzusehen. Besteht heute noch ein Anlass, Hindenburg durch die Namensgebung für den größten Platz Münsters zu ehren?" Das war auch kritischen Geistern zu blöd. Man verlangte erneut nach einem Volksentscheid. Slogan der Verteidiger: „Ein vertrautes Stück Münster. Hier sind wir zu Hause." Vergangenheitsbewahrung bei gefühlter Gegenwartsschrumpfung. Identität beruht auf Gewohnheit und erweist sich im Konflikt.[133] Am Ende, und das war gut so, gab nicht das knappe Votum des Stadtrats (mit 53 gegen 52 Stimmen) den Ausschlag, sondern der Volksentscheid. Bei immerhin 40 Prozent Wahlbeteiligung (nahezu 100.000 Münsteraner), stimmten 60 Prozent dafür, den ‚Hindenburgplatz' wieder in ‚Schlossplatz' umzubenennen. Am Rande diskutierten die Experten.[134]

Den echten „Täter" machten die Nazis. Hindenburg gilt heute als „Steigbügelhalter Hitlers". Er stellte sich mehr als nur zur Verfügung. Im Vorfeld des Reichstagswahlkampfes von 1925 erkannte Theodor Lessing, damals noch Professor in Hannover, im designierten Staatsoberhaupt ein „repräsentatives Symbol, ein Fragezeichen, ein(en) Zero". „Besser ein Zero als ein Nero", befand Lessing, nur zeige die Geschichte, „dass hinter einem Zero immer ein künftiger Nero" stehe.[135] Es kam so, wie von ihm vorhergesagt. Lessing verlor zuerst sein Lehramt. 1933 erschossen ihn dann Neros Leute. Zum Dank für treue Dienste ließ *Nero*-Hitler *Zero*-Hindenburg zwei monumentale Denkmäler setzen. Das berühmtere, von Friedrich Bagdons gefertigt, stand seit 1935 in Tannenberg. 1945 war es vor Eintreffen der Roten Armee gesprengt worden. Das andere hatte der Berliner Architekturprofessor Hermann Hosaeus im Auftrag des deutschen Reichskriegerbundes 1939 für den Kyffhäuser in Stein gemeißelt. Zu den Staufer- und Hohenzollernkaisern kam jetzt noch der „weißhaarige Barbarossa aus Hannover“[136]. Wie Bagdons war Hosaeus ausgewiesen durch verschiedenerlei monumentale Porträtkunst und zahlreiche Kriegerdenkmäler, die er als „Hausarchitekt des Kyffhäuserbundes“[137] gefertigt hatte. 1921 sprach der auch als kunsttheoretische Autorität einflussreiche Hosaeus für die Errichtung von Kriegerdenkmälern eine reichsweite Empfehlung aus. Es sei von den Gemeinden und Künstlern zu verlangen, dass „volksfremde Allegorie“ vermieden und „allgemein verständliche, heimische Sinnbilder“ verwendet würden. Man solle „getrost Menschen unserer Zeit“ darstellen und nicht „die Welt der Griechen“ plündern, „um einen braven deutschen Bauernjungen zu ehren, der für die väterliche Scholle fiel. Trotz ihrer sonstigen Verschiedenheit sollen alle deutschen Ehrenmale volkstümlich sein, mag über ihnen die Dorflinde rauschen, oder der Lärm des Fabrikhofes sie umfangen, mögen sie am Dorfkirchlein stehen oder im städtischen Dom.“[138]

In Vorkriegszeiten war Hosaeus mit Vasco da Gamas Hamburger Standbild (1903) und dem Dresdner Mozartbrunnen (1907) hervorgetreten. In Eisenach schuf er 1909 ein sehr bürgerliches Denkmal des kunstsinnigen Weimarer Großherzogs Carl Alexander. Über den Krieg redeten seine Formen dann anders. Der feingliedrige Bildhauer mit den sensiblen Zügen war bald überzeugter Parteigänger Hitlers geworden. Faschistoid erschien bereits sein auf der Rudelsburg für die gefallenen Kösener Corpsstudenten entworfenes Löwendenkmal von 1926. Hosaeus' Hamburger „Soldat“ von 1932 mit der Inschrift „Wunden zum Trotz tatbereit heute wie einst und in aller Zeit“ (Ernst Moritz Arndt) wurde zum Bildprogramm deutscher Revanchelust.

Auf dem Kyffhäuser wollten die alten Kameraden ihren Feldmarschall schmucklos, in „schlichter deutscher Soldatenart", so einfach wie der für die väterliche Scholle gefallene Bauernjunge. Barhäuptig stellte Hosaeus den Heros auf den Sockel, breitbeinig in byzantinischer Haltung, die Hände auf dem Rücken verschränkt. Anders als in Tannenberg stand Kyffhausens Hindenburg ohne Schwert oder sonstige Rüstung da. Auch fehlten ihm die Orden, die seine Brust zu repräsentativen Anlässen geschmückt hatten. Der Felsblock für den schlichten Bürgersoldaten kam aus dem Fichtelgebirge, „härtestes deutsches Urgestein" und das passende Material für eine wuchtige, ruhige und zugleich entschlossen wirkende Figur, in der sich die Veteranen des Kyffhäuserbundes wie die jungen Nazis wiederfinden konnten.[139] Faschistoide Ästhetik in Mantel und Stiefeln, das war der fünf Meter hohe und acht Tonnen schwere Koloss – treuer Wachposten seiner schlafenden und abgedankten Kaiser –, und dennoch der falsche Schirmherr der braunen Bewegung.

Anders als in Tannenberg überlebte Hindenburgs Denkmal auf dem Kyffhäuser das Kriegsende. Doch brachte man ihn auch hier bald unter die Erde wie einen Toten, nur ohne Grabstein. Derlei war in der sowjetisch besetzten Zone wie der frühen DDR-Zeit nicht unüblich: Man vergrub und verbuddelte, ehe man später kaputt machte.[140] Plünderungen und Zerstörungen geräumter Schlösser und Güter durch einen wütenden Mob, angestiftet und angeführt von lokalen Kommunisten, waren keine Seltenheit. Mitunter verhinderten die Sowjets einen über den verordneten Abbau nationalsozialistischer Substanz hinausschießenden Vandalismus gegen die steinernen Attribute feudaler und kapitalistischer Vorzeiten. „Ungezählte Kriegerdenkmäler, Hohenzollern- und Bismarck-Monumente", so meinte Alexander Demandt, „wurden von der Freien Deutschen Jugend verstümmelt oder zerschlagen. Das Kyffhäuser-Denkmal und Hodlers *Auszug der Jenenser Studenten* blieben im Zeichen der russisch-deutschen Waffenbrüderschaft gegen Napoleon verschont."[141]

Zumindest in älteren Zeiten hatten Russen und Preußen immer ganz gute Beziehungen unterhalten. Peter der Große war auf dem Brocken, soll einen Wodka getrunken und einen vergossen haben, zum Zeichen dafür, dass es dort fortan ein bisschen russisch zugehe. Bismarcks Rückversicherungsvertrag beugte einem Zweifrontenkrieg vor. Unter Hindenburgs Präsidentschaft hatte sich die Reichswehr mit Unterstützung der Roten Armee entgegen den Versailler Vertragsbestimmungen modernisiert, wovon man im sozialistischen Geschichtsunterricht nichts hörte. Dagegen gehörte die Konvention von Tauroggen von 1812 (Bündnis gegen Napoleon) zum Pensum. Begründung der *deutsch-sowjetischen Freundschaft* und Waffenbrüderschaft. Ich hatte eine Briefpartnerin in Moskau. Die Post traf in den unschlagbaren rot-weiß gestreiften Umschlägen ein. Es roch nach *Aeroflot* und großer, weiter Welt. Wir sollten russisch lesen und schreiben lernen. Als Pioniere klebten wir eifrig Marken und gelobten, „Freunde der Sowjetunion und aller sozialistischen Brudervölker" zu sein, den Frieden zu schützen und die *Kriegstreiber* zu hassen. Das Parchimer Moltke-Standbild von 1876 und die preußischen Denkmäler zur Schlacht bei Jena und Auerstedt (1906) sollen von den Sowjets bewusst geschont worden sein.[142] Öfter hörten wir Stalins Spruch: „Die Erfahrungen der Geschichte besagen, dass die Hitler kommen und gehen, aber das deutsche Volk, der deutsche Staat bleibt."[143] Der „Nichtangriffspakt" und die Teilung Polens von 1939 blieben dagegen bestgehütetes Geheimnis bis in die Gorbatschow-Ära. Dass Moskau gern einmal Angriffskriege führte, war sowieso kein Thema.

Mit Hindenburg war es schwieriger. Über dessen Ende und Verbleib auf dem Kyffhäuser wusste man lange nichts Genaues. Er war einfach weg. Bei diversen Auftritten hatte er schon in den 1920ern wie ein Wiedergänger aus uralten Zeiten gewirkt. Dass irgendein sowjetischer General in unendlicher Weisheit gesagt haben soll: „Ihr Deutschen müsst endlich lernen, mit euren Denkmälern und eurer Geschichte zu leben!", ist eine schöne Geschichte. Nur waren die Deutschen als Denkmalstürmer im Unterschied zu den Franzosen oder Russen zumindest bis 1933 eher harmlos geblieben.[144] Allenfalls kannte man sie als Maschinenstürmer. Seit dem frühen 19. Jahrhundert lebten sie überaus geschichtsgläubig in einem Ruinen- und Denkmalkult voller Andacht, wie in einer nationalen Therapiegruppe. Die alten Kaiser und Könige waren ihre Kuschelteddys. Auch regionalen Adligen und bürgerlichen Säulenheiligen schmiegte man sich respektvoll an. Der bedenkenswerte Kern der Wanderanekdote betrifft etwas anderes. Es geht um ein unterschwelliges Lob des russischen Kulturoffiziers, der den *Handschuh* und das *Lied von der Glocke* kannte und das deutsche Kind nicht mit dem Bade ausschütten wollte.[145] Es hat ihn vielleicht öfter gegeben als den Puschkin oder Dostojewski lesenden preußischen Leutnant. Als mein Großvater im März 1945 in russische Kriegsgefangenschaft geriet, hörte er die Ansprache eines Politoffiziers der Roten Armee: „Deutsche Bürgersleut'! Ihr habt gebracht viel Leid über die Welt und habt viel kaputt gemacht. Ihr werdet das wieder aufbauen. Ihr werdet lange arbeiten müssen. Ihr werdet hungern, aber nicht verhungern, ihr werdet Durst haben, aber nicht verdursten, ihr werdet frieren, aber nicht erfrieren! Und wenn ihr wieder geworden seid *gute deutsche Bürgersleut'*, dann werdet ihr wieder nach Hause kommen." Für Hans Steinbach bewahrheitete sich dieser Satz.

Ein Forschungsprojekt und ein Buch zur falschen Zeit

„Die Geschichte stellt zu viele nutzlose Leichen zur Schau."

Nicolás Gómez Dávila

Legenden über Legenden, wo man nur hinsieht. Über Hindenburg war längst Gras gewachsen, da machte sich 1992 eine achte Klasse des neugegründeten Kyffhäuser-Gymnasiums in Bad Frankenhausen nach dem Denkmal auf die Suche. Zeithistoriker bezeichnen die am Ende der 1970er-Jahre Geborenen als die *unberatene* Generation.[146] Mit 14 hat man zumindest andere Sorgen als beraten geschichtsbewusst zu werden. Die Jugendweihe war immer noch wichtig, ob nun mit oder ohne Blauhemd.

Ein wenig unberaten gingen die Schüler tatsächlich ans Werk. Eigentlich war Mittelalter dran. Man hatte nur die Höhenburg besichtigen wollen. Doch dann kam ihnen der olle Kantenschädel in die Quere. Was vergessen und versteckt in Kellern und Speichern, in Magazinen oder in der Erde schlummert, ist spannender als jede Schulbuchgeschichte. Gestürztes macht aufmerksam, findet Gefallen.[147] Jemand hatte etwas gehört von seinen Großeltern. Ein verschwundener Hindenburg? Noch ein Denkmal mehr? Noch ein Kaiser oder Kreuzfahrer? Man wollte es genauer wissen. Die Geschichtslehrerin ließ sich darauf ein. Gleichwohl das Hindenburg-Thema kaum Erfolg beim Schülerwettbewerb zur deutschen Geschichte um den Preis des Bundespräsidenten versprach, bewarb man sich kurzerhand. Immerhin ging es um keinen Geringeren als den gewesenen Reichspräsidenten, der zu grauen Weimarer Vorzeiten zweimal demokratisch ins Amt gewählt worden war. Damit hatten nicht nur die Nazis, die ihn am Kyffhäuser in Stein meißeln ließen, sondern auch die Kommunisten ihre Probleme gehabt. So forschten die Mädchen und Jungen genauer nach, verschafften sich mit Enthusiasmus und Entdeckerlust alle möglichen Informationen, durchforsteten Archive, lasen Zeitungen, befragten die Leute vor Ort. Viel Handgestricktes, aber doch redliches Historikergeschäft. Aus der Rudolstädter Akte[148] vermochten sie den genauen Standort des Denkmals sowie die Entstehungsumstände des Hindenburgkults zu rekonstruieren. Man bestieg den Berg von Frankenhausen her, zwölf Kilometer Fußmarsch, so wie die Arbeiter, die sich nach 1945 Tag für Tag aus der Stadt durchs *Tilledaer Tor* über das Bauernkriegsschlachtfeld zum Umbau des Kyffhäusers auf den Weg gemacht hatten.

Hindenburg hatte den Berg zweimal, 1921 und 1924, besucht und markige Reden gehalten. Als Ehrenpräsident des Kyffhäuserbundes, der militanten wie paramilitärischen Ehemaligenvereinigung, kam ihm das zu. Es ging um Treue, Ehre und Kameradschaft, um die *gute alte Zeit* und den ungerechten Frieden, den es zu revidieren galt. Diverse Fotos zu den Auftritten findet man im Netz. Ein Gemälde Willy Werners zeigt Hindenburg während des Auftritts im Juni 1921.[149] Seine Pose erinnert an Wilhelm II., der im August 1914 in gleicher Haltung vom Berliner Schlossbalkon zu den Waffen rief. Gefühlt ist wieder Mobilmachung. Hindenburg lächelt. Nicht alle wollten noch mitmachen. Nordhausen hatte ihm zuvor den Einzug in die Stadt verwehrt.[150] Am Kyffhäuser stand die Truppe aber wie ein Mann hinter ihm – unter Pickelhauben, Zylindern, Tschakos, in einem Meer von Fahnen. Die alten und neuen Anhänger des Bundes verehrten Hindenburg abgöttisch. In ihren Augen hatte er den Krieg nicht verloren. Und so feierte man den greisen General auf dem inzwischen zum „Volksdenkmal für das deutsche Volk in Waffen“ gewordenen nationalen Bergheiligtum.[151] An der Niederlage von 1918 war die Politik schuld, von der sich die alten Soldaten abgrenzten, von den Parteien sowieso, insbesondere der KPD und (etwas weniger strikt) von der NSDAP. Das monumentale Gefallenengedenken von 1921 war Übergang, nur ein kurzes Abknien zum Gebet, um den Kampf alsbald wieder aufzunehmen.

Die Söhne und Enkel würden es besser ausfechten. Für Hindenburgs Ruhm reichte der Name „Tannenberg“. Nur dieser eine Erfolg. Ansonsten musste er nichts gewinnen, konnte sogar alles verlieren. Der Gedanke, ihn und die Tannenbergschlacht durch ein Personen-Denkmal auf dem Kyffhäuser zu verewigen, war noch während des Weltkrieges aufgekommen und 1921 anlässlich des 25-jährigen Jubiläums des Kaiser-Wilhelm-Denkmals erstmals öffentlich gemacht worden. Engagiert hatten sich in der Sache insbesondere die konservativen Parteien sowie die Studenten des „Kyffhäuser-Technikums“. 1925 konkurrierten in Frankenhausen drei Memorialinitiativen: Die erste galt dem verstorbenen Reichspräsidenten Friedrich Ebert; die zweite Thomas Müntzer, der Bauernkrieg jährte sich zum vierhundertsten Mal; die dritte Hindenburg. Während die Müntzer-Initiative von den Linksparteien und dem demokratischen *Reichsbanner Schwarz-Rot-Gold* ausging, wollten Reichskriegerbund, DVP und DNVP das Hindenburg-Denkmal.[152] In rechtsnationalen Kreisen nahm man den späteren Reichspräsidenten vor allem in der Rolle des Soldaten aus den Zeiten der Monarchie wahr.[153] Auf dem Berg feierte man noch wechselweise Bismarck, Kaisers Geburtstag oder die Reichsgründung von 1871, aber nicht den Verfassungstag der Weimarer Republik.

Berührungspunkt der konkurrierenden Milieus war das Militante. Auch Thomas Müntzer wurde als ein kriegerischer Führer wahrgenommen und dessen Niederlage auf dem nahe gelegenen Schlachtenberg heroisch verklärt. Für Hindenburg, den anderen Verlierer, sollte eine Statue auf dem Frankenhäuser Marktplatz errichtet werden, mit zerbrochenem Schwert, so wie Tübkes Müntzer mit gesenkter Fahne. Hosaeus hatte es damals schon machen sollen. Das zerbrochene Schwert überrascht, konnte aber als Symbol für den verlorenen Weltkrieg wie den der Aufständischen von 1525 gedacht werden. Auch die Konservativen hingen an Müntzer und dem Bauernkrieg. Dem Zivilisten und Sozialisten Ebert fehlte dagegen jeder Rückhalt.

Was dem Schülerprojekt von 1992 tatsächlich abging, war die kritische Distanz – für Teenager bekanntlich keine leichte Übung. Man wirft sich in eine Sache mit Leidenschaft oder gar nicht, liebt sein Objekt der Begierde. Mit fünfzehn bekam ich eine Hindenburg-Biografie in die Hand. Verfasser war Wolfgang Ruge, ein namhafter DDR-Historiker.[154] Sein „Porträt eines Militaristen“ vermochte mich nicht, wie gewünscht, antipreußisch oder antiimperialistisch zu imprägnieren. Das zuerst 1974 und dann in mehreren Auflagen im *VEB Deutscher Verlag der Wissenschaften* erschienene Werk[155] weckte vielmehr – auf ganz naive Weise – mein Interesse am General und dem Ersten Weltkrieg. Obwohl sich Ruge alle Mühe gegeben hatte, Hindenburg als militärischen Versager, politische Marionette und *Steigbügelhalter* Hitlers zu zeichnen, ging die Kritik an mir vorbei. Bis zu Ruges resümierendem Satz: „Die historische Rolle Hindenburgs, der trotz oder gerade wegen seiner geistigen Nichtigkeit zu einem Schräubchen im Mechanismus der perfektionierten Menschheitsfeindlichkeit werden konnte, ist nur im Lichte des Kampfes …", kam ich nicht.[156] In derlei Herabsetzungen verlor Ruges *Porträt* an Niveau, das es ansonsten durchaus hatte. Ich sah den stolzen 50-jährigen Generalmajor gleich zu Anfang des Buches strahlen und war beeindruckt davon, dass sich 1914 jemand mit 67 kriegsfreiwillig gemeldet und dann die Russen in die Sümpfe gejagt hatte. Es gab einen jugendlichen Hindenburg-Fan mehr, dem die These Ruges von einer Kontinuität des preußischen Militarismus über das Dritte Reich bis nach Westdeutschland egal war. Die Didaktiker wissen schon, warum Geschichte mit Höhlenmenschen und antiker Küche losgeht. Hier wurde ein preußischer General aus grauen Vorzeiten zum unheimlichen Helden einer Jugend, die vom Krieg nichts wusste und sich bei jeder Gelegenheit für den Weltfrieden und gegen die imperialistischen Kriegstreiber einzusetzen hatte. So ging es mir mit Wolfgang Ruges Buch, und so mag es noch den Frankenhäuser Schülern ergangen sein, als sie von Barbarossas Bart auf Hindenburgs Stiefel kamen. Von meiner personalisierten Militaria-Faszination heilten mich später der NVA-Dienst und das Tagebuch meines Urgroßvaters, Paul Oskar Steinbach, der den Ersten Weltkrieg im einfachen Mannschaftsrang nur als „grußen Scheißdrack" erlebt hatte.

Dabei hatte Ruge in vielem klargesehen. Hindenburg stand in den Jahren der Weimarer Republik für den von weiten Teilen der Bevölkerung mitgetragenen Geist der Revanche, für die Revision des Versailler Vertrages und gegen das parteipolitische Establishment, das 1918 angeblich versagt hatte. ‚Parteihader' war das abwertende Schlagwort seit der Herausbildung institutionalisierter Weltanschauungen im Kaiserreich. Die von Hindenburg verkündete Dolchstoß-Legende wurde zu einem parteiübergreifend mythischen Ort der Deutschen: Die Armee sei, so hatte er 1919 unter

Verweis auf die Worte eines englischen Generals vor dem Untersuchungsausschuss über die Gründe der Niederlage behauptet, im Felde unbesiegt „von hinten erdolcht worden". Die Schuld an der Niederlage lag demnach nicht bei den Frontkämpfern, nicht bei den Militärs und schon gar nicht bei ihm selbst.[157] In seinen Erinnerungen half der Selbsttäuschung die Sage: „Wie Siegfried unter dem hinterlistigen Speerwurf des grimmigen Hagens, so stürzte unsere ermattete Front; vergebens hatte sie versucht, aus dem versiegenden Quell der heimatlichen Kraft neues Leben zu trinken."[158] Wer eigentlich den „Dolch im Gewande" geführt hatte, war in Hindenburgs Verlautbarungen so unklar geblieben wie in den meisten Verwendungen des Narrativs. Genau diese Unschärfe verschiedener *Dolchstoßlegenden* oder *Dolchstoßlügen* verlieh dem vagen Interpretament Durchschlagskraft.[159] Jeder bildete sich einen anderen Mörder ein. Anders als bei den Nazis gab es für den Alten aber weder eine besonders antisemitische noch eine tiefergehende antibolschewistische Aufladung.

Hindenburgs Reise von 1919 zum Berliner Ausschuss hatte einem Triumphzug geglichen. Bereits damals wurde er als Reichspräsident gehandelt, als ein neuer Siegfried, der die falschen Gesetze und Verträge zerschmetterte. Später stellten sich nicht nur die politische Rechte und die Monarchisten hinter ihn. Auch die Republikaner sagten ihr *Ja* zum greisen Militär, der so ins höchste Weimarer Staatsamt gewählt wurde. Zwar machte Hindenburg aus seiner konservativ-monarchistischen Gesinnung nie einen Hehl. Doch stand er als Reichspräsident lange Zeit für die Republik.[160] Seine Affäre mit der Demokratie[161] war folgenreich, auch wenn die Friedensperiode parallel zu seiner Reichspräsidentschaft nicht seine, sondern eigentlich die *Ära Stresemann* war.[162] Karl Kraus kommentierte Hindenburgs Wahl von 1925 so:

„Das richtige Haupt für dieses Land,
jede andere Wahl war Lüge.
Kein deutsches Herz, das sich nicht erkannt
im Reglement dieser Züge.

Da gibt es nur Deutsche und keine Partei,
denn jegliche dafür einsteht:
nichts kann geschehn, solang fest und treu
ein Wachtmeister am Rhein steht."[163]

Als Denkmal am Kyffhäuser schaute der *Wachtmeister* tatsächlich nach Westen, die Kaiser oben blicken nach Osten. Wie ein Sieger stand er da, der Russenschreck von 1914, der er auch nach dem Krieg noch ein bisschen blieb. In einem Appell „An Deutschlands Söhne" hatte Hindenburg im Februar 1919 aus dem nach Kolberg gewechselten Hauptquartier der Obersten Heeresleitung zur Fortsetzung des Kampfes gegen die Gebietsansprüche der Polen sowie zur Abwehr des Bolschewismus aufgerufen. Aus der Unterwanderung der Heimatfront von links sei, so meinte er jetzt, eine größere Bedrohung durch den äußeren Feind erwachsen. Gegen Polen und Russen gelte es, „den alten deutschen Boden zu schirmen vor dem neuen Feinde, dem Bolschewismus, der die Kulturwelt bedroht".[164] Eigentlich war es immer gegen den „Erbfeind" Frankreich gegangen. Schon Hindenburgs militärische Vorfahren hatten sich mit Napoleon geschlagen. „Die Wacht am Rhein" blieb das Lied seines Lebens. Der Fluss war die Hauptkampflinie. „Lieb' Vaterland, magst ruhig sein / Fest steht und treu die Wacht, die Wacht am Rhein!" Die Kinder lernten es in der Schule, die Kadetten sangen es beim Waffenreinigen, die Soldaten auf dem Exerzierplatz, die Veteranen an den Gräbern einer der ihren. Ausmärsche, Vorbeimärsche, Denkmalsweihen, Beerdigungen – das Lied war immer da als die andere Hymne, neben dem „Deutschlandlied“ und „Heil dir im Siegerkranz“. Auf dem Kyffhäuser summte der Alte die Melodie mit und blieb rührend ruhig dabei, angesichts von Millionen Toten im Krieg und Milliarden Schulden im Frieden. Ein großer Sänger war Hindenburg nie. Nur Kirchenchoräle und der Anblick von Madonnen trieben ihm manchmal die Tränen in die Augen. Bei Hauskonzerten gab es Märsche, umrahmt von Klassischem.[165]

Nach dem Krieg wurde der „weißhaarige Barbarossa aus Hannover“, trat er einmal vor die Tür, „immer gleich zum Verkehrshindernis“.[166] Zum Jahrestag der Tannenbergschlacht bekam er öfter Besuch von Schulklassen. Theodor Lessing war als Lehrer einmal mit dabei und hörte Hindenburgs Ansprache. Vor den Primanern verkündete der Reichspräsident unbekümmert der Dinge, die er nie wirklich entschieden, aber doch mitverantwortet hatte:

> „Deutschland liegt tief danieder. Die herrlichen Zeiten des Kaisers und seiner Helden sind dahin. Aber die Kinder […] werden das alte Reich erneuern. Sie werden das Furchtbare, die Revolution, überwinden. Sie werden wiederkommen sehen die herrliche Zeit der großen siegreichen Kriege. Und Sie, meine Herrn Lehrer, Sie haben die schöne Aufgabe, in diesem Sinne die Jugend zu erziehen. Und Ihr, meine lieben Primaner, werdet siegreich, wie die Väter waren, in Paris einziehen. Ich werde es nicht mehr erleben. Ich werde dann bei Gott sein. Aber vom Himmel werde ich auf Euch niederblicken und werde mich an Euren Taten freuen und Euch segnen.“[167]

Von keines Gedankens Blässe angekränkelt. So einfach, so klar, so christlich, so schlicht soldatisch kann die Welt aussehen. Den Pennälern mochte er, so dachte es sich Lessing in jenem Moment, wie „eine altpreußische Gottheit“ erschienen sein, und einer der Jungen malte ihn im Nachgang dann auch als „Engel auf einer Wolke schwebend, die braven Primaner segnend“.[168] So wie die Schüler auf Klassenfahrt vergötterte das alte nationalliberale Bürgertum Hindenburg. Kaum glaublich Gerhard Hauptmanns Grabesspruch: „Die Weltuhr tickt vernehmlich. Sie hat ausgehoben, man erwartet die Glockenschläge, aber sie schlägt nicht. In diesem Mann war Gott.“[169] So sprach's der berühmteste deutsche Dichter im August 1934. Golo Mann, der den Reichspräsidenten in Berlin als junger Mann öfter gesehen hatte, glaubte den Greis am Ende der Republik mit einer „Verantwortung beladen [...], unter der er litt“ und deren Machtfülle ihn überforderte, weil der ins Präsidentenamt und „zur Größe hinaufgeschobene und hinaufgeglaubte alte Mann [...] sehr spät und sehr schlecht vorbereitet zum Monarchen geworden“ sei. Das stimmte wohl und war entschuldigend zugleich gesagt. Die Verantwortung lag bei der deutschen Geschichte und der Nation in ihrer Gegenwart.[170]

Für die Jugendlichen, die sich Anfang der 1990er-Jahre auf die Suche nach dem Denkmal machten, saß Hindenburg nicht mehr auf der Wolke. Er hatte seine Position geändert, lag nun versteckt unter dem Kies des Berges, wie ein zweiter Barbarossa. Niedergänge sind spannender als Aufstiege, und die schöne neue Welt ist uninteressanter als jedes dystopische Szenario. Daher auch die Lust an gestürzten mehr als an aufgestellten Denkmälern. Geschichte ist Dialog mit Menschen und Zeiten – bisweilen auch mit den falschen:

Schülerin: „Wann wurde das Denkmal vernichtet, und warum wurde es errichtet?“

Herr H: „Das Denkmal wurde von den roten Socken, den Antimilitaristen vernichtet, weil sie rote Holzköpfe waren. Sie wollten ja sogar das Barbarossa-Standbild herunterreißen, weil er nach Osten sieht. Das wäre ein herausforderndes Zeichen. Das Hindenburg-Denkmal wurde einfach umgezerrt, mit Hämmern zerschlagen und neben dem Sockel vergraben. Der Sockel steht übrigens noch. [...] Nach meiner Meinung wurde das Denkmal als Ehrung der Veteranen des I. Weltkrieges errichtet. Und Hindenburg war seit dem I. Weltkrieg ein Symbol der Deutschen, denn er hatte sie vor den Russen gerettet.“

Schülerin: „Sollte das Denkmal wieder aufgestellt werden, oder sollte es da bleiben, wo es ist?“

Herr H: „Das Denkmal hat doch mit dem II. Weltkrieg überhaupt nichts zu tun. Also ist überhaupt nicht zu verstehen, dass diese roten Socken es überhaupt umgezerrt haben. Natürlich bin ich dafür, dass es wieder aufgestellt wird, falls das überhaupt möglich ist. Nach 1945 haben diese roten Leute das Denkmal bestimmt in mehrere Teile zerschlagen.“

Schülerin: „Was ist Ihre Meinung über alte Denkmäler? Sollte man sie stehen lassen oder niederreißen?

Herr H: „[...] Die Denkmäler, die sich auf den I. Weltkrieg beziehen, sollte man ruhig stehen lassen. Ich finde, dass sie als Zeugen der Geschichte diesen besonderen Platz einnehmen. Aber ich finde auch richtig, dass sie jetzt in den neuen Bundesländern die Lenin-Denkmäler vernichten. […]"[171]

Ritter Paule, Retter vor den Russen! Da hatte einer genug vom Kommunismus und der SED-Herrschaft und der *Deutsch-Sowjetischen Freundschaft*. Da wollte jemand zurück nach Deutschland, und wusste nicht wie. In seiner Erregung verwechselte der Mann Barbarossa im Felsenhof mit dem kupfernen Reiterstandbild Wilhelms I., das nach Osten gerichtet ist. Die Hindenburgapologie entpuppt sich bei genauerem Hinsehen als Teil eines *Diktaturgedächtnisses*[172] mit Antibolschewismus und teils undifferenziertem Russenhass. Dagegen standen und stehen immer noch Loblieder auf Lenin und die Beschönigung der vermeintlich guten Anfänge der kommunistischen Sache. Hier lagen die Dinge klar. Hindenburg sollte wieder her, Lenin in den Orkus und die Russen zurück in die „asiatischen Steppen". In den anderen Interviews zum Schulprojekt wurde dieser Position nicht grundsätzlich widersprochen, nirgends aber so deutlich für eine Wiederaufstellung Hindenburgs plädiert.

Es ist ein Gebot des historischen Bewusstseins, Fakten und Bilder der Vergangenheit an deren eigenen Maßstäben zu messen. Leicht dahingesagtes Historiker-Einmaleins. Man kann sich denken, wie überwältigend derlei mit Verve vorgetragene Meinungen auf die Jugendlichen wirkten. Der *Zeitzeuge* hat immer recht und ist auch hier wieder der schlimmste Feind der jungen Historikerin. Dahinter verbirgt sich nicht nur ein methodisches Problem. Die eigentlichen Schwierigkeiten gehen tiefer, betreffen unterschiedliche Weltanschauungen und Lebenserfahrungen der noch nazistisch imprägnierten Kriegskinder und der um 1980 geborenen letzten Pioniere der DDR. Das *ostdeutsche* Generationengespräch am Geschichtsberg verweist nicht nur auf eine naive historische Sehnsucht, sondern macht die kulturelle und emotionale Leerstelle „Nation“ sinnfällig, die nach 1989 trotz „Wiedervereinigung“ nie ausgefüllt werden konnte. Vielleicht ist das gar nicht so dramatisch. Nur bleiben die Lücken eines Minderwertigkeitsgefühls, in die sich ideologischer Schutt karren lässt. Hindenburg war nicht nur das. Als archäologische Novität und Historienkrimi bot er dem zersplitterten Kyffhäusermilieu Möglichkeiten der Kompensation und Exkulpation.[173]

Auf Linie der neuen Apologeten des Marschalls lagen die Jugendlichen mit ihren Forschungen gleichwohl nicht. „Nie wieder Diktatur! Nicht von links und nicht von rechts.“ So war die Stimmung in Frankenhausen um 1990, zumindest an den Werkbänken der Knopffabriken, die auf der Straße zuerst „Wir sind das Volk!“ und später „Wir sind ein Volk!“ skandierten. Viele verloren später ihre Jobs. In der POS „Thomas Müntzer“, ab 1991/92 Kyffhäusergymnasium, war das anders. Die meisten Lehrer blieben. Abgelöst wurde nur ein allzu uneinsichtig-linientreuer Direktor. Unter den Montagsdemonstranten waren sie weniger zu finden. Eher formierte sich (mit Müntzer als renitentem Helden) nach und nach ein innerer Widerstand des pädagogischen Milieus gegen die drohende und dann real werdende „BRD-Übernahme“. Unbehagen an der Kultur fraß sich zwischen das überwundene Alte und das als Oktroi empfundene Neue. In der durch den Namenspatron ideologisch besonders beladenen Schule überwogen Reserven gegenüber der aufgenötigten *Verwestlichung*. Was sich davon auf Schülerinnen und Schüler übertrug, kann man nur ahnen. Die Identitäten wackelten. Vielleicht wichen diejenigen, die sich auf Hindenburg warfen, für einen Moment in die Geschichtsmanege aus, um dort gegen die Zeitläufte ein Auskommen zu finden. Mit dem Denkmal stellte man sich zwischen Diktaturen und Systeme. In ihrem Abschlussbericht an den Bundespräsidenten Richard von Weizsäcker beklagten die Jugendlichen, dass nicht alle Gesprächspartner den Mut zur offenen Aussprache gehabt hätten. Der verantwortliche Bürgermeister habe keinen Kommentar zur Sache abgeben wollen. „Vielleicht hat er ja Angst, dass Hindenburg wieder aufgestellt wird?", fragte man keck und resümierte:

> „Das Vergraben des Denkmals hat die Fragen nach solchen Geschichtsereignissen wie deutsches Kaiserreich, Weltkrieg, Weimarer Republik und Nazistaat nicht gelöst. Deshalb befürwortet unsere Gruppe die Wiederaufstellung des Denkmals. Das wollen übrigens viele Menschen hier. Wir sind mit diesem Vorschlag nicht allein. [...]"[174]

Ob das tatsächlich so war, ist zwar fraglich. Aber eine Zeitlang grummelte es am Berg um die neuen unterirdischen Geschichten. Doch gab es in der sozial abgehängten thüringischen Randlandschaft mit bald exorbitant hoher Arbeitslosigkeit handfestere Sorgen. Das geteilte Deutschland und die DDR als eigentlich politische Heimat der Frankenhäuser Schüler fehlten in der Auflistung der „Geschichtsereignisse" im Bericht an den Bundespräsidenten. Hindenburg, in den Ebenen vor allem nach der Ausgrabung des Denkmals heftiger Aufreger, blieb letztlich eine unverstandene Kuriosität. Im Bericht wurde das Unwissen vermeintlicher Experten kritisiert. Antwort eines der Kyffhäuserbund-Aktivisten auf die so einfache wie anspruchsvolle Frage: „Warum wurde das Denkmal vernichtet?":

> „Die Beseitigung des Denkmals hat die amerikanische Besatzungsmacht beschlossen. Nach meiner Meinung

> wurde es 1936 eingeweiht. Das Hindenburg-Denkmal wurde 1946/47 umgelegt und vergraben. Es geschah wohl nach dem Sommer 1946."[175]

Dass hier den Amerikanern der Schwarze Peter zugespielt wurde, kam 1992 einer Exkulpation der Sowjets gleich. Die US-Feindbilder kommunistischer Propaganda wirkten selbst bei den Hindenburg-Enthusiasten noch nach. Ihren Forschungsbericht hatten die Frankenhäuser Gymnasiasten unter die Überschrift: „Erinnerung, Mahnung, Ärgernis" gestellt.[176] Ein mutiger Titel und dabei durchaus problemorientiert. Die Binnenperspektive blieb zwar eingeschränkt und ging über mitgehende Deskription nach fleißiger Quellenrecherche kaum hinaus. Aber man hatte Geschichte selbst erforscht und seine eigenen Entdeckungen gemacht. Mit dem Allernächsten geht es immer los. Vom Nahen zum Fernen. Das steht so schon in Diesterwegs Volksschuldidaktik.[177] Am Ende plädierten die Mädchen und Jungen für ihren Helden und die *Erinnerung* an eine ihnen nicht unsympathische Figur. Ihr Credo lautete: Stürzt keine Denkmäler. Dazu freilich hätte es des Hindenburg-Falles nicht bedurft. Aber die Sache war raus und verbreitete sich im Tal und in der Goldenen Aue.

Es überrascht wenig, dass die Ergebnisse des Projekts von 1992 nicht wettbewerbstauglich waren. Die Hamburger Jury dankte freundlich und rollte vermutlich die Augen, ob der diktaturgeschichtlichen Ahnungslosigkeit deutscher, respektive ostdeutscher Schüler. Man übersieht inzwischen längere Linien, ist beim Thema heute an bizarre „Feste der Vaterlandsliebe" im Burghof und an obskure *Kyffhäuser-Reden* in AfD-Kreisen erinnert. Ob die forschenden *Unberatenen* von damals heute schwarzbraun wählen? Die Frage ist womöglich nur ein *Pawlowscher Reflex* der Braunschweiger Perspektive, die das Aufgebot altbundesrepublikanischer Pejorative für das übernimmt, was tief im Osten geschieht und falsch zu laufen scheint.[178] Nicht nur im Kyffhäusergebirge gibt es einen Provinzialismus der Meinungen, der wenig außerhalb der eigenen Position zu sehen bereit oder fähig ist. *Audiatur et altera pars* sagt sich so leicht dahin. Neblige Vermutung zwischen Worten und Zeilen: Aus Kommunismus wird leicht Faschismus und umgekehrt.[179] Fakt ist, dass in Bad Frankenhausen zur letzten Landtagswahl über 30 Prozent der Stimmen für die AfD abgegeben wurden, Tendenz steigend. Gegen eine Restituierung des Hindenburg-Denkmal hätten diese Wählerkreise gewiss nichts einzuwenden. Anfang der 1990er gab es in Jena noch die echten *Glatzen* – morgens an den Hanteln, abends auf Vietnamesen-Jagd. Man musste nicht nur als Asiate oder Afrikaner Angst vor ihnen haben. Der *Nationalsozialistische Untergrund* formierte sich nicht zufällig dort. Andererseits hingen an den schwarzen Brettern der gewesenen Polytechnischen Oberschulen, inzwischen Gymnasien oder Regelschulen, neben den Listen offiziell verbotener NS-Symbole auf Kleidungsstücken noch die Artikel aus der *Jungen Welt,* die den westlichen Imperialismus für alles Übel der Galaxis zuständig erklärten.

In einem derart schizophrenen Klima wurde auch Hindenburg wieder wach, fast so wie im Kinderlied das Häschen in der Grube. Den Frankenhäuser Gymnasiasten boten die Geschichten zum vergrabenen Denkmal Fluchten innerhalb lebensweltlicher Sinnsuche[180] nach einem gravierenden politisch-gesellschaftlichen Umbruch. Für viele von ihnen endete die Freiheitgeschichte im Katzenjammer.[181] Es gab hier wie in ganz Ostdeutschland bald die durch den Umbruch desorientierten und desillusionierten Jugendlichen, deren Eltern trotz anfänglich positiver Einstellung zum Sturz des Regimes inzwischen zu den Verlierern der *Einheit* zählten und dem gerade glücklich Überwundenem nachzutrauern begannen. Im Ostharzstädtchen Osterwieck bemerkte dies Bernd von der Heide, der aus Braunschweig gekommene neue Schulleiter des Fallstein-Gymnasiums, bis eben noch POS „Wilhelm Pieck". Im Gefühl dieser Missstimmung ließ er seine ersten Absolventen drei Jahre nach dem Mauerfall ihre Erinnerungen an den Moment der Grenzöffnung verschriftlichen – eine Art politpädagogischer Psychohygiene. Am Ende wurde es eine schöne Anthologie verlorener Zeiten und Hoffnungen. Das Gedicht eines damals Vierzehnjährigen: „Und dann kam der Neid", spiegelt den Wandel der Einstellungen und Gefühle:

> „Die Mauer fiel,
> die Freude war groß.
> Gezogen hatten wir das große Los.
> Da sangen die Herzen,
> da fielen die Steine,
> alles war gut
> bis auf das Eine.
> Daran hatten wir nicht gedacht,
> es war das, was die Menschen unglücklich macht.
> Der Hass, das Geld, der Übermut
> Alles, was den Menschen Schreckliches tut.
> Da verblasste die Liebe, die Zärtlichkeit,
> die Freundschaft ging und es kam der Neid."[182]

Was blieb da anderes übrig als die Geschichte? Am Kyffhäuser füllte Hindenburg einstweilen die Lücke, lenkte von anschwellenden Verlustängsten ab, spendete Trost. Der forschende Blick auf unmittelbare Geschichten aus der Nähe befreite, für Momente zumindest, von resignativen Stimmungen in den Familien und der postmarxistischen Leere an den Schulen. Hindenburg, der verlorene Held aus der Zeit vor *Hakenkreuz* und *Rotem Stern*, wurde zum kompensatorischen Haltepunkt[183] und zu einem Nest trivialer Geschichtsgelüste. Das Interesse blieb vorläufig ein Zwischenspiel, das mit geschichtsrevisionistischen Bestrebungen einer verfassungsfeindlichen neuen Rechten wenig zu tun hatte.[184] Geschichten, die quer liegen zu den Erwartungshaltungen aktueller Politik und Moral, gehören zur Offenheit eines jeden Nachfragens innerhalb offener Gesellschaften. Differenzerfahrungen, wie unbequem auch immer, sind für demokratisches Handeln und Lernen konstitutiv. Dabei geht es auch um die Verteidigung feiner Grenzlinien in einem Geschichtsdiskurs, der „die Kanten der Vergangenheit abschleift, wo sie sich der Geometrie des Gegenwartsdenkens nicht fügen wollen".[185] Auch der Ausschluss unliebsamer Fakten durch vermeintlich fortschrittliche Ethiken kann ins Totalitäre führen.

Als ich 2010 mit Sabine Tölle, Schulleiterin des Kyffhäusergymnasiums, ins Gespräch kam, nahm sie die Materialien noch immer mit spitzen Fingern in die Hand. „Hindenburg, oh Gott, nicht schon wieder!"[186] Wir unterhielten uns dann sehr offen über das fast 20 Jahre zurückliegende Projekt, das inzwischen durch die Ausgrabung des Denkmals neuerlich aktuell geworden war. Geschichte kann süchtig machen und Unruhe stiften. „Der Historiker ist ein Schandmaul, das die Toten schikaniert", sagt Voltaire. Die Lebenden auch. Zum Projektbericht der Schüler kamen später noch ein paar Seminarfacharbeiten.[187]

Preußischer Marschall und böhmischer Gefreiter

„Das Volk büßt seine Führer. Und diese Buße ist gerecht.“

Walther Rathenau

In der Frühphase seiner Präsidentschaft gefiel Hindenburg Stresemanns Motto: „Was vergangen ist, das lieben wir, aber für die Gegenwart leben wir!“ Er nahm den Diensteid ernst, den er auf die Weimarer Verfassung schwor.[188] 1925 war er ein Mann nationaler wie konstitutioneller Versöhnung, eine Figur allgemeiner Beruhigung. Im Arbeitszimmer des Reichspräsidenten-Palais stand ein Papier mit der Aufschrift „ora et labora“ auf dem Schreibtisch, an den Wänden hingen Lenbachs *Bismarck* mit Schlapphut und Diez' *fröhliche Marketenderinnen* zwischen den Regimentern des Alten Fritz und dem Todesritt von Mars-la-Tour 1870.[189] Das gute alte Preußen schien mit dem höchsten Amt des Weimarer Verfassungsstaats versöhnt.

Eine andere Geschichte ist Hindenburgs Tun oder Lassen in der Auflösungsphase der Republik. Dieses und vor allem der Nazi-Pomp um die Denkmalweihe im Mai 1939 hätten bei den Schülern, die sich 1992 auf die Suche machten, durchaus Anlass zu mehr Distanz und Kritik geben können: Bildhauer Hosaeus war ein überzeugter Nationalsozialist. Die Enthüllung des Denkmals nahm der SS-Gruppenführer und General der Infanterie Wilhelm Reinhard vor. 6.000 Mann des Reichskriegerbundes nebst 600 Fahnenträgern waren auf den Berg gekommen. Die Wehrmacht hatte eine Ehrenkompanie entsandt. Damit hätte die Schlacht an der Marne revidiert werden können. Die Knechte marschierten auf vor ihrem toten Herrn. Stimmung *Sieg Heil*, trotz diverser Animositäten zwischen rechtskonservativem und nationalsozialistischem Flügel. Beim Marsch vorbei am Denkmal ging es um demonstrative Einheit und endgültige Überführung der Kyffhäusertruppe in den nationalsozialistischen Reichskriegerbund. Ein Vereinigungsparteitag aller Soldatenbünde, *braune* Einheitsfront zu Füßen des alten Preußen. Hindenburg wird zum Motiv, das die gläubige Masse zur Aktion treibt.[190] Mit Blick auf den September 1939 war es bereits die Einsegnung für den Ausmarsch in Richtung Polen. Am Ende der Denkmalweihe übernahm Thüringens Reichsstatthalter Fritz Sauckel die Schirmherrschaft über den Ort, ein Mann, der später für die Deportation von Millionen Zwangsarbeitern nach Deutschland zuständig war und dafür 1946 in Nürnberg gehängt wurde. Es ging so einfach zu wie an der Front. Im Burghof gab es Eintopf. Die Kosten, auch für den Polizeieinsatz rund um die Feierlichkeiten, trug der NS-Reichskriegerbund.[191] Alles war minutiös geplant und durchorganisiert, eine Demonstration von Disziplin und Stärke angesichts einer Welt innerer und äußere Feinde. Im Felde wie auf dem Kyffhäuser unbesiegt, so die Botschaft. Der alte Soldat stand dazu stramm auf dem Podest. Man hätte 1939 wohl auch vor Hindenburgs Pickelhaube salutiert, so wie die braven Schweizer vor Geßlers Hut. Wo waren die Tells? Den passenden Schiller gab es auch: „Der brave Mann denkt an sich selbst zuletzt.“ Geistergespräch am Rande:

Philosoph: Mein Ausgangspunkt war immer der preussische Soldat. Da ist wirkliche Convention, da ist Zwang, Ernst und Disciplin.

Marschall: Gefällt mir, junger Mann. Wo haben Sie gedient?

Philosoph: Berittene Artillerie. Naumburg. Leider vom Pferd gefallen.

Marschall: Mmmm, kann passieren.

Philosoph: Beim Soldaten geht es mir um die Form. Sie ergibt sich aus der Zucht des Körpers und peinlichst geforderter Pflichttreue.

Marschall: *C'est ça!*

Philosoph: Also die Form beim Schreiben. Ich meine den Stil.

Marschall: Kann helfen. Offiziere müssen ja Gott sei Dank nicht so viel …

Philosoph: Mir ist der deutsche Offizier nur in seiner Haltung sympathisch.[192]

Marschall: Uniform verpflichtet. Na ja, ich muss.

Philosoph: Noch eine Gewissensfrage?

Marschall: Mein Gewissen ist rein.

Philosoph: Sie waren an der Spitze. Liefen Sie voran als Hirte oder als Ausnahme?

Marschall: Kein Hirte, keine Ausnahme, immer nur die Regel. Höherer Wille.

Philosoph: Ein dritter Fall wäre der Entlaufene[193]?

Marschall: Nicht mal als Denkmal kann man weg. Wäre Desertation.

Philosoph: Und Kränze, egal von wem?

Marschall: Vertrocknen eh' wieder. Man muss stehen. Semper idem.

Wie ein vorweggenommener Kommentar zur Zeremonie auf dem Kyffhäuser lesen sich Thomes Wolfes Notizen über *deutsche Dinge* vom Mai 1935. Als Reisebericht sind sie glaubhaft, weil nicht für diejenigen zum Lesen bestimmt, über die geschrieben wurde. Wolfe sah die deutsche Nation damals „jenseits des Schattens eines Restzweifels voll von Uniformen und dem Stampfen marschierender Männer“ und wähnte sich doch „im friedlichsten, hübschesten und am freundlichsten wirkenden Land […], das ich je besucht habe“. Er sah „Tausende […] von Menschen, angefangen von achtjährigen Kindern bis hin zu Männern um die fünfzig, alle jenseits jeden Zweifels erfüllt von Hoffnung, Enthusiasmus und inspiriertem Glauben an eine fatale und zerstörerische Sache – und die Sonne schien den ganzen Tag, und die Felder sind so ungeheuer grün, die Wälder so überaus bezaubernd, die kleinen Städte so ungemein sauber und die Gesichter der Menschen die freundlichsten, die mir je begegnet sind; was kann man da also sagen?“[194]

Hitler war zur Einweihung nicht gekommen. Hindenburg hatte lange genug zwischen ihm und Deutschland gestanden. Anfang Juni 1939 besuchte er das Denkmal mit seinem Fotografen Heinrich Hoffmann. Auf dem Bild sieht man ihn im weißen Mantel zu Füßen Hindenburgs. Er steht da, wie der Künstler selbst, der sein Werk betrachtet. Der Marschall hat einen Blumenstrauß zwischen den Stiefeln. Hitlers *dramatischer* Wille zur Macht verhieß hier eher Ohnmacht.[195] Man hat den Eindruck eines schlechten Bühnenbildes, denkt an den „Artisten-Glauben“, den Nietzsche einst in die europäische Politik hatte Einzug halten sehen: „Schritt für Schritt“ habe sich „eine wunderliche und nicht in jedem Betracht nachahmenswerte Verwandlung“ hin zum *Künstlerischen* vollzogen und „eine neue Flora und Fauna von Menschen“ heraufgebracht, die in „beschränkteren Zeitaltern nicht wachsen“ könne, „unten gelassen“ werde, unter dem „Verdachte der Ehrlosigkeit“. Es seien immer die „interessantesten und tollsten Zeitalter der Geschichte, in denen die ‚Schauspieler' [...] die eigentlichen Herren sind."[196] Der Führer und seine Begleiter wirkten winzig neben dem Porphyr-Recken. Für die Propaganda waren die Bilder untauglich. Mit seinen 1.98 Gardemaß hatte Hindenburg die Naziführer bereits zu Lebzeiten wie Duodezformate aussehen lassen. Denkmalweihe und Hitlerbesuch von 1939 vermischend, produzierte ich 2010 im *Deutschland Archiv* eine Stilblüte, die mir seinerzeit wohl übelgenommen worden wäre: „Enthüllt von einem SS-Gruppenführer und General der Infanterie, hatte Hitler hier höchstpersönlich einen Kranz niedergelegt [...]."[197] Da stand er also, der nackte Führer, enthüllt von einem Kameraden. Wenigstens hatte der Feldmarschall die Hosen anbehalten.

Auf der Propagandapostkarte von 1933 findet sich Hitler in einer Reihe mit Friedrich dem Großen, Bismarck und Hindenburg. Er wirkt hier entschieden größer als er war. Das später berühmt gewordene Foto am „Tag von Potsdam" rückte die Dinge wieder zurecht. Der berüchtigte Händedruck über den Gräbern der alten Preußenkönige vom März 1933 war ein Schnappschuss am Rande, zur Verabschiedung nach dem Zeremoniell in der Garnisonskirche.[198] Hindenburg, hünenartig mit Pickelhabe und allen Orden der Kaiserzeit, schaut skeptisch prüfend auf den barhäuptigen Hitler herab. Der hat, im Anzug auf bürgerlich machend, den Zylinder abgenommen, verbeugt sich artig und wirkt so noch mickriger. „Schön ist der Zylinderhut, / Wenn man ihn besitzen tut. / Doch von ganz besondrer Güte / Wären zwei Zylinderhüte, / Wenn man sie besitzen tüte!"[199] Mit oder ohne war der neue Reichskanzler als Zivilist wenig glaubhaft, so sehr er auch den frommen Verehrer Preußens herauszukehren suchte. Hindenburg ist an jenem denkwürdigen „Tag von Potsdam" schon Denkmal, wirkt wie aus der Zeit gefallen. Die Szenerie dominierte er vollkommen. Potsdam tat noch einmal so, als ob Kaiserzeit wäre. Im Originalfilm sieht man den Marschall die Menge gemessenen Schrittes teilen. Einem Veteranen von 1870/71 klopft er auf die Schulter, gemahnt ihn zum Sitzenbleiben, als der sich vor ihm erheben will.[200] Ein anrührender Moment. Man denkt an Fontanes Gedicht vom *Alten Zieten*, den Friedrich II. an der Tafel von Sanssouci schlafen lässt. So wie Hindenburg die Fronten abschreitet, noch immer gestrafft und umgeben von baumlangen Pour-le-Mérite Trägern unter Stahlhelmen, ist ewige Parade. In Wirklichkeit war es der Abgesang auf die *Langen Kerls* und das alte Preußen.

Als Reichspräsident hatte Hindenburg öfter Zylinder getragen. Über die Mutter ein „Soldatenkind", gingen seine Wurzeln ins Bürgerliche. Das Gardemaß kam nicht von den kürzeren Junkern der Beneckendorff-Linie, sondern vom Urgroßvater mütterlicherseits, dem Grenadier Schwickhardt, den Friedrich der Große einst für seine Langen Kerls „geworben" hatte.[201] Schwickardt verdankte seine Laufbahn wesentlich seiner Figur. Als man mich 1984 fürs DDR-Militär musterte, bot mir die Kommission angesichts meiner 1.87 Meter einen Posten beim Berliner Wachregiment „Friedrich Engels" oder „Felix Dzierzynski" an – tausend Mark monatlich, die Wochenenden frei, kein Uniformzwang, möglicher Aufstieg zum Berufsoffizier. Mir waren die dafür erforderlichen drei Jahre Dienstzeit nur viel zu lang. Glücklicherweise, denn im Unterschied zu Schwickhardts erfolgreichem Weg vom westfälischen Handwerk an den Potsdamer Hof wäre eine Einwilligung mit Blick auf 1989 die falsche Idee gewesen.

Preußische Paradeschritte hatte es nicht erst in der DDR gegeben. Zu Franz von Papens Regierungsantritt im Juni 1932 sah Victor Klemperer die Marinewache für Hindenburgs Präsidentenpalais durchs Brandenburger Tor ziehen. Er beobachtete eine die Stiefel bis zu den

Nasenspitzen werfende Truppe, alles wie aus einem Guss, wie „ein einziger Schwung, ein einziges Bein“. Voran marschierte ein Tambour, den Klemperer genauer beschrieb: Die Linke in die Hüfte gestützt, stieß dieser mit der Rechten den Stab rhythmisch in die Luft, schräg im Leeren schwebend, glich einem „Monument ohne Sockel, geheimnisvoll aufrecht gehalten durch einen vom Fuß bis zum Haupt, in Fingern und Füßen wirkenden Krampf“. Das war „kein bloßes Exerzieren“ mehr, sondern „ein archaischer Tanz, so gut wie ein Parademarsch“. Für den Beobachter war der Mann „Fakir und Grenadier in einem. [...] Brüllende Menschen drängten sich bis dicht an die Truppe“ und vor die „stumme Gestalt“. In ihr schlug Klemperer „zum ersten Mal die Sprache des Dritten Reiches entgegen“.[202]

Der Schnappschuss vom Potsdamer Handschlag unterstrich noch einmal die Popularität des alten Militärs. Bevor Hindenburg seinen Platz vor dem Altar der Garnisonskirche einnahm, wies er mit dem Feldherrnstab auf den leeren Thron seines früheren Königs und Kaisers Wilhelm II.[203] Das war so nicht geplant, nicht einmal der symbolträchtige Ort, der den Schulterschluss zwischen Nazibewegung und preußischer Tradition jetzt beglaubigte. Potsdam war nur die Notlösung, nachdem kurz zuvor der Berliner Reichstag gebrannt hatte.[204] Hindenburg beherrschte den Tag wie das Bild vom Händedruck. Aber es war eben nur ein Tag, ein Bild, ein Moment. Hitlers unterwürfige Geste bedeutete „in Wahrheit herrischen Triumph“.[205] Mit ihm, so witzelte man, nahm Österreich nun Rache für Königgrätz, wo Hindenburg als junger Leutnant im Feuer gestanden hatte. Das alte, friderizianische Preußen, der erste Rechtsstaat Europas, nobel, tolerant und divers in seiner Religions- und Nationalitätenpolitik, Sebastian Haffner sah das vielleicht etwas zu rosig, war nur mehr Bühne.[206] Im Rückblick von heute sei dieses Preußen allerdings wieder attraktiv, weil es eben, wie die *Titanic*, „mit Mann und Maus untergegangen ist".[207] Weder Hindenburg noch Hitler knüpften daran noch an. Papens Staatsstreich gegen das republikanische Berlin Otto Brauns als letzte Bastion dieses Preußens hatte der Reichspräsident im Sommer 1932 per Notverordnung ermöglicht. So wie Haffner den peinlichen Potsdamer Mummenschanz und den „alten Verräter Hindenburg" (ein Urteil von 1939)[208] durchschaute, sah auch Victor Klemperer in den Ereignissen des 21. März ein böses Omen. Im Kino erlebt er „Stücke aus Reden gesprochen. Hindenburgs Proklamation mühselig, mit Atemnot, die Stimme eines uralten Mannes, der physisch fast zu Ende ist. Hitler pastoral deklamierend."[209] Alles wirkte wie eine Komödie. Gegeben wurde die Posse „Reichstagseröffnung". Tatsächlich schlossen Hindenburg und Hitler den Laden. Die Bilder des Tages waren zwar keine Werbung für Hitler,[210] doch gingen große Teile des alten, wilhelminischen Bürgertums jetzt, tief beeindruckt von der Szene und dem Ritterschlag, mit fliegenden Fahnen zu ihm über. Wenn nur Hindenburg der Schirmherr blieb. Neben ihm wirkte Hitler immer schulbubenhaft, wie einer, den der Fotograf vergeblich versucht hat, richtig hinzustellen. Noch auf dem letzten gemeinsamen Foto, 1934 in Neudeck, macht der greise Präsident die bessere Figur, steht locker und freundlich da mit seinem Stock. Hitler hingegen gleicht einer Wachsfigur, wirkt wie hypnotisiert, verkrampft, puppenhaft. „Was der König eroberte, der Fürst formte, der Feldmarschall verteidigte, rettete und einigte der Soldat." Die Postkartenlegende und ihre euphemistische Botschaft wäre auch heute ein schönes Abiturthema. Antithese: „Was Fritz klaute, Bismarck zusammenstückelte, Hindenburg nie begriff, zerstörte Hitler."

Auch mit dem Übergang war es nicht so glatt gelaufen. Hindenburg hatte sich nicht als bloße Marionette erwiesen, war kein nur „ehrwürdiges Requisit". Hier irrte der ansonsten blitzgescheit urteilende Emil Ludwig einmal. Der Alte blieb bis zum Schluss Chef und politisch verantwortlich. Die „Nazifizierung" des Mythos funktionierte nur bedingt. Eher schien Hitler zeitweise „hindenburgifiziert"[211] gewesen zu sein. Dessen nachhaltige Popularität und Leutseligkeit wollte er aber unbedingt auf sich übertragen. Auch ließ sich das Prinzip oder Beispiel charismatischer Herrschaft[212], wie die Kyffhäuserehrung zeigte, für die *Bewegung* instrumentalisieren. Insofern half Hindenburg Hitler doppelt – als Reichspräsident, der ihn zum Kanzler machte, und als Muster massenwirksamer Verehrungssucht. Am Testament gab es dennoch einen Haken. Zwar galt der letzte Wille des Feldmarschalls, der nach dessen Tod im August 1934 in allen Zeitungen stand, der deutschen Nation, die unter den neuen Verhältnissen eine gedeihliche Entwicklung nehmen sollte. Doch stand in einem an Hitler persönlich gerichteten Schreiben noch, dass sich Hindenburg die Wiederherstellung der Monarchie wünsche.[213] Bestätigung oder Ablehnung des Nationalsozialismus? Die Franzosen kennen den Begriff *Trompe-l'œil* – so etwas wie die träumerische Verwechslung von Perspektiven, eine „Augentäuschung" oder einfach ein „Sehfehler". Hindenburg und sein großer Mitte-Rechts-Block litten darunter. Man sah in Hitler den Dienstmann. In Wirklichkeit aber ließ man sich in Dienst stellen. Der testamentarische Brief mit den monarchischen Restitutionswünschen verschwand in Hitlers Papierkorb oder einem Panzerschrank. Er wurde nie veröffentlicht. Irgendwann wollten die Russen ihn im Nachlass Papens gefunden haben. Er gilt heute als verschollen.

Im Wahlkampf von 1932 hatten die Nazis erstmals offen Front gegen den Reichspräsidenten gemacht. Die Kyffhäusertruppe entzweite sich daraufhin. Manche fühlten sich plötzlich in falscher Front mit dem *Liberalismus*. Der Bund versagte im Wahlkampf für den Alten. Während die Soldaten 1925 noch „Mann für Mann" hinter ihm gestanden hatten und Wahlenthaltung als „Fahnenflucht"[214] galt, gingen große Teile von ihnen jetzt zum Weltkriegsgefreiten Hitler über. Die ihn wählten, waren laut Nazipropaganda inzwischen die echten Deutschen; die für Hindenburg optierten, wurden als Juden, Liberale oder Marxisten diffamiert. Wenn jemand, so tönte es aus dem Goebbels-Umfeld, „mit den Marxisten durch dick und dünn geht bzw. gegangen ist, da kann er einfach nicht mehr unser Mann sein. Gott sei Dank sind wir noch genug Leute, [...] um für einen Adolf Hitler in die Bresche zu springen. Nur er wird das deutsche Volk zu Aufstieg führen, niemals aber ein Mann, der sich dem Marxismus und dem Pfaffentum verschrieben hat."[215]

Die Angriffe hatten einen realen Kern, denn sie verwiesen auf Hindenburgs überparteiliche Popularität. Nachdem Hitler den Parteien die Masse entzogen hatte, blieb den Nazis nun noch die Aufgabe, Hindenburg als müde gewordenen Zivilisten zu diffamieren und besonders der Reichswehr zu entfremden.[216] In Preußen hatte er lange gute Verbindungen zu den herrschenden Sozialdemokraten unterhalten und war so für die Anhänger Hitlers Teil des verhassten *Systems* geworden. Mit Stimmen der Kyffhäuserveteranen gewann Hitler in Thüringen 1932 die Wahl. Im Reich verlor er sie deutlich.[217] Kein Zufall war es auch, dass die deutschen Juden auf die „Verfassungstreue, das Gerechtigkeitsgefühl und die Verbundenheit des Herrn Reichspräsidenten mit allen Teilen des deutschen Volkes" vertrauten. Mit Hindenburg würde es „keine Abenteuer" geben, so hoffte der *Central-Verein für deutsche Staatsbürger jüdischen Glaubens* noch nach Hitlers Inthronisierung als Reichskanzler.[218] Hindenburg war in dieser zweiten Präsidentschaftskampagne neben der jüdischen Unterstützung mit den Stimmen der Sozialdemokraten, des Zentrums, der Linksliberalen sowie Teilen der Nationalkonservativen gewählt worden. Person und Mythos des Alten wirkten noch einmal als „Konsensfaktor der Weimarer Republik".[219] Um diesen *Konsens* endgültig zu brechen und einem allzu geräuschvollen monarchischen *Kyffhäusergeist*[220] einzudämmen, vereinigte Hitler noch im August 1934, gleich nach Hindenburgs Tod, das Reichspräsidenten- und Reichskanzleramt per Volksabstimmung, ganz emotionslos. Zudem wurde die Reichswehr auf den Führer vereidigt. Hindenburgs Erlass, jüdische Frontkämpfer und ihre Hinterbliebenen von der Entlassung aus dem Staatsdienst gemäß *Gesetz zur Wiederherstellung des Berufsbeamtentums* (April 1933) auszunehmen, machte Hitler prompt wieder rückgängig.[221] In dem von Friedrich Wolf in jenen Tagen verfassten Stück *Professor Mamlock* darf der jüdische Chefarzt und Kriegsteilnehmer Hans Mamlock auf Grund des Erlasses nach bereits verhängtem Berufsverbot noch einmal in seine Klinik zurückkehren, ehe er sich wenig später erschießt. Mamlock hatte 1932 für Hindenburg Wahlkampf gemacht und den Alten bis zuletzt als Bollwerk gegen Kommunismus und Faschismus gesehen.

Die Denkmalweihe auf dem Kyffhäuser war nur noch Nachklapp zur pompösen Tannenberger Beerdigung von 1934. Hitler hatte diese gegen den Wunsch Hindenburgs, der in Neudeck begraben sein wollte, pompös inszeniert. Er tat es so Stalin gleich, der den toten Lenin 1924 nicht, wie von diesem gewünscht, in Simbirsk neben der Mutter, sondern im Moskauer Mausoleum propagandawirksam platziert hatte. Als Mumie in Porphyr wurde Hindenburg zur Vorgeschichte, zum *Wegbereiter*. Mit ihm erinnerte man sich der Tannenbergschlacht und lehnte jegliche deutsche Kriegsschuld am Weltkrieg ab. Das Ende des wilhelminischen Nostalgiekinos bedeutete zugleich den Höhepunkt einer voluntaristischen Geschichtspolitik – von Barbarossa über Wilhelm I. bis zum soldatischen Ersatzkaiser, der als Übergangsfigur seine Schuldigkeit getan hatte. In Tannenberg wie auf dem Kyffhäuser passierte dasselbe: Der Hindenburg-Mythos wurde in Stein gemeißelt und damit zugleich eingefroren. Der „living myth" (Anna von der Goltz) war tot. Das monarchisch-preußische Prinzip kam ins Museum. Erlaubt blieb es als Teil kleiner und großer Idyllisierungen der Vergangenheit, die sich an die nazistische Propagandakunst und -literatur anschmiegte. Hindenburg überlebte als ein Stück der *Guten alten Zeit*, die innerlich daherkam und hergestellt wurde „inmitten von Aufmärschen, Konzentrationslagern, Munitionsfabriken und Stürmerkästen"[222].

In Nazikreisen hatte man sich der Dienste des „alten Zugpferdes" gern bedient, hinter vorgehaltener Hand aber vom „alten Idioten"[223] gesprochen. So wie die Konservativen, war auch er der Bewegung faktisch von Nutzen, ob man es nun wollte oder nicht. Der Hohn der Stürmerpresse über eine bereits demente, von seinem Staatssekretär abhängige Figur[224] taugte später für Hindenburgs Entschuldigung. Auf der Straße kursierten bald Witze wie diese: „Der Generalfeldmarschall klopft an die Himmelspforte, wird aber von Petrus abgewiesen unter Hinweis, dass ein Mann seines Standes zu Pferd zu erscheinen habe. Er muss also zurück, trifft Hitler, der ihn als Autorität, ‚Wozu bin ich Führer?', wieder nach oben bringt und mit Petrus reden will. Der schüttelt den Kopf: ‚Nein, Nein, mein lieber Hindenburg! Ich habe dir doch gesagt, du sollst ein Pferd und keinen Esel mitbringen."[225] Nach 1945 hielt sich die Mär vom altersschwachen, nicht mehr ganz zurechnungsfähigen Präsidenten, der Hitler in einer Mischung aus Standesdünkel und Ignoranz begegnete und eigentlich abgelehnt habe. Die Betonung liegt hier auf *eigentlich*, denn eigentlich hatte er ihn ja auf den Thron gesetzt. Die Lesart passte zu den Memoiren der Flieger und Feldherrn, zu den „verlorenen Siegen“ der Tapferen, die mit Hitler *eigentlich* nichts zu tun gehabt hatten, außer bis zur letzten Patrone für ihn gekämpft zu haben. Trotz anderslautender neuerer Forschungen[226] fanden sich die Entschuldigungsgeschichten noch lange in Unterrichtsmaterialien und Schulbüchern: „Lassen Sie kein Papier herumliegen. Der alte Herr unterschreibt alles!“ (Meissner). Dazu kam die despektierliche Titulatur „böhmischer Gefreiter“. Seit Hindenburg 1866 am Feldzug gegen Österreich teilgenommen hatte, kannte er Braunau in Böhmen und verwechselte es später mit dem am Inn, dem Geburtsort Hitlers. Oder eine Aussage kurz vor der Machtergreifung: „Der will Reichskanzler werden? Höchstens Postminister. Dann kann er mich von hinten auf den Briefmarken.“[227] Mit seinem Konterfei auf Münzen und Briefmarken beherrschte Hindenburg als Teil propagandistischer Kosmetik noch lange über seinen Tod hinaus den öffentlichen Raum.

Was steht zu Hindenburg noch in den Schulbüchern? Zur Reichspräsidentenwahl von 1925 bot mein eigenes in den 1980ern den uniformierten und ordensbehängten alten Marschall unter der Pickelhaube, wie er am Tag von Potsdam paradierte. Im Text dazu stand, dass „Großindustrielle und Junker“ den „Kriegsverbrecher“ zum Präsidenten erhoben hätten. Als „Feind des Volkes“, so die sozialistische Lesart, stellte er „eine große Gefahr für das gesamte deutsche Volk“ dar. Immer noch habe er heimlich seinem Kaiser gedient und die Fürsten entschädigen wollen.[228] Das war in etwa das, was sich, wenngleich weniger plakativ und bis in die Bildauswahl hinein sehr viel detailfreudiger, so auch bei Ruge fand. Den „Kriegsverbrecher“ hatten nicht die Kommunisten gemacht oder erfunden.

Hindenburgs Name, man vergisst das oft, fand sich bereits 1918 neben Wilhelm II., Ludendorff und Bethmann-Hollweg auf einer entsprechenden Liste der Alliierten. Er sollte ausgeliefert und vor ein internationales Gericht gestellt werden.[229] In *Zeiten und Menschen,* aufgelegt 1985 bei *Westermann* in Braunschweig und in den 1990er-Jahren auch im verwandelten Osten benutzt, findet sich dieses:

> „Damit war der Verfechter der *Dolchstoßlegende* zum Staatsoberhaupt der Republik gewählt worden. Dem Glanz der Uniform und Orden, der Erinnerung an die Siege – aber nicht an die Niederlagen – des kaiserlichen Deutschlands, den altvertrauten ‚vaterländischen' Parolen hatte die Republik nur Schlichtheit und langwierige, von Rückschlägen begleitete Wiederaufbauarbeit entgegenstellen können. Das hatte den Wählern Hindenburgs nicht genügt. Hindenburg hatte sein Amt zunächst pflichtbewusst verwaltet. Obwohl er die Parteien ablehnte, arbeitete er loyal mit ihren Politikern zusammen. Erst die Staatskrise, sieben Jahre später, in der das Amt des Reichspräsidenten größte Bedeutung erlangte, erwies, dass der greise Präsident seine Vergangenheit doch nicht vergessen hatte. Erst da wurde sichtbar, dass mit der Wahl des Jahres 1925 eine Entscheidung gegen die Demokratie gefallen war."[230]

Die Passage problematisiert die politische Rolle des Reichspräsidenten nach 1918, verweist darauf, wie das nachlebende Alte dem wachsenden Neuen die Luft zum Atmen nehmen kann. Dass mit Hindenburg 1925 vom Reichsblock aus DVP, DNVP, Wirtschaftspartei ein bis dato politisch unbeschriebenes Blatt aus dem Hut gezaubert wurde, *überparteilich* im wahrsten Sinne des Wortes, sprach nicht von vornherein gegen die demokratischen Verfassungsstrukturen, in die es eingebunden war. Im *Deutsch-Französisches* Geschichtsbuch von 2014 wird Hindenburgs Sieg bei Tannenberg erwähnt und sein steigender politischer Einfluss als Chef der Obersten Heeresleitung herausgestrichen. Auf dem Foto zum „Tag von Potsdam", das auch hier nicht fehlt, sieht man, dass Hindenburg seinen Handschuh beim Händedruck anbehielt. Die Ernennung zum Reichskanzler habe er lange aus „persönlicher Abneigung gegen Hitler" abgelehnt, dann aber doch dem „Einfluss einer Kamarilla deutschnationaler Wirtschaftsvertreter und Großagrarier" nachgegeben. In der Kurzbiografie am Schluss wird noch betont, dass er die Verantwortung für den Waffenstillstand 1918 „auf die Zivilisten" abwälzte. Nach später Karriere als Reichspräsident sei er „am 2. August 1934 gestorben, ohne sich der ‚Gleichschaltung' Deutschlands durch die Nationalsozialisten widersetzt zu haben".[231] Das klingt nach einem verschenkten *noch befriedigend.* Im gerade erschienenen vierten Band des *Deutsch-Polnischen* Schulbuches (2020) findet er sich (im Porträt würdig in Generalsuniform) unter dem Themenkomplex „Demokratie in der Krise". Eingeführt wird er hier als Strippenzieher taumelnder Präsidialkabinette von Brüning zu Hitler.[232]

Für „Volk und Wissen" war der „Tag von Potsdam" Bildikone und Kristallisationsmoment des *Reaktionären.* Der Händedruck verkörperte alles denkbar Feindliche und gehörte zum ideologischen Arsenal nicht nur des Antifaschismus, sondern auch des Antiimperialismus. Den Figuren kam paradigmatische Funktion innerhalb dieses Schemas zu. Als Kern der Hindenburgkritik zog immer wieder die 1932er Wahlkampfparole der KPD: „Wer Hindenburg wählt, wählt Hitler. Wer Hitler wählt, wählt den Krieg!" Sie richtete sich nicht zuletzt gegen die Sozialdemokratie, weil sie Hindenburg als das „kleinere Übel" angesehen und unterstützt hatte.[233] Und sie bewahrheitete sich. Johannes R. Becher zitierte in seiner Ulbricht-Biografie aus dessen Reichstagsrede von 1932:

> „Und der Kandidat dieser Rüstungsfront heißt Hindenburg. Der Kompagnon dieses Kandidaten heißt Hitler. Der dritte Kompagnon ist der Stahlhelmführer Duesterberg. Drei Kandidaten der Bourgeoisie, drei Kandidaten der deutschen Rüstungsfront. Der einzige Kandidat, der gegen den imperialistischen Krieg kämpft, der einzige proletarische Friedenskandidat heißt Ernst Thälmann."[234]

Wer nicht Thälmann wählte, wählte den Krieg. Plakativ waren derlei Vereinfachungen. Wahlkämpfe sind so. Hitler führte Deutschland und die Welt wenig später tatsächlich in den Krieg. In Bechers Ulbricht-Ode richtete sich die alte Parole inzwischen gegen die westdeutschen Ausläufer jener „Rüstungsfront". Wer nicht für den Sozialismus war, war für die NATO.

Hindenburgs Überlebenschance in den Bildungsmedien hängt nicht von ihm selbst ab. Der Tannenberg-Sieg bleibt ein kleiner Federstrich in der Geschichte der Kriege – nichts Großes und auch keine wirkliche Katastrophe. Der Reichspräsident ist eine Marginalie. In Erinnerung wird Hindenburg nur als Vorgeschichte des Unglücks bleiben, das Hitler über die Deutschen und die Welt brachte. Falls die Historiker irgendwann befinden sollten, dass er doch keine besondere Aktie am Aufstieg des Bösen hatte, wird er vergessen. Der ihm zugesprochene Anteil an Hitlers Verderben entscheidet über die höhere Relevanz.[235] Wenn es um die tieferen Gründe für 1933 geht, helfen beiläufige Nationalapologien ebenso wenig wie die Negation des Persönlichen. Alle Nachwahrscheinlichkeitsrechnungen sind schwierig. Vorher hätte man immer klüger sein können. Das galt auch für Hindenburg, der zeitweise eine Reichskanzleralternative Georg Strasser favorisierte.[236] Der Blick auf Begleitumstände kann helfen. Der Chef der Reichskanzlei und Zentrumsmann Hermann Pünder rekapitulierte in seinen Erinnerungen (1968) ein Gespräch mit Hindenburg unmittelbar nach der Ernennung Hitlers zum Reichskanzler. Der Alte gab sich in Verkennung der Lage der Illusion hin, mit einer Regierung „Hitler-Papen" und der Marginalisierung ihm besonders verhasster Nazis, wie Göring oder Goebbels, ein rechtskonservatives Kabinett gebildet zu haben. „In zwei Monaten haben wir Hitler in die Ecke gedrückt, dass er quietscht!", hatte Franz von Papen verkündet.[237] Pünder zeigte sich erschrocken darüber, wie Hindenburg tatsächlich glauben konnte, die „braune Flut" auf diese Weise eingedämmt zu haben. Er kam ihm mit Goethes *Faust:* „Die Botschaft hör' ich wohl, allein mir fehlt der Glaube!" Achselzuckende, fast kapitulierende Bemerkung des „altgelernten Troupiers" dazu: „So, Sie glauben also nicht an den Erfolg? Schade! Aber wissen Sie, unser Herrgott ist ja auch noch da. Mag er uns im Kampf mit diesem Teufelspack gnädig beistehen!"[238]

„Teufelspack", dem am Ende der Herrgott beikommen wird. Man kann es so sehen, denn das Ende kommt, wann und wie dick auch immer. Noch schwerwiegender als die Ernennung Hitlers wog Hindenburgs Unterzeichnung der „Verordnung zum Schutz von Volk und Staat" am 28. Februar 1933. Erst jetzt, am Tag nach dem Reichstagsbrand, wurden per Dekret die Grundrechte aufgehoben und der nationalsozialistischen Willkürherrschaft der Weg frei gemacht. Der englische *Punch* brachte eine Karikatur zur berüchtigten, auch als „Reichstagsbrandverordnung“ bezeichneten Maßnahme, die Hindenburg als alten Konsul zeigt, der Hitler einflüstert, angesichts der *roten Gefahr* jetzt oder nie Diktator sein zu können.

So war es natürlich nicht. Sebastian Haffner hat die tatsächliche Szene eingefangen, wie sie sich – etwas unspektakulärer – im Palais des Reichspräsidenten abgespielt haben mag. Hitler kam mit Vizekanzler Papen. Die unterschriftsreife Verordnung mit „ungeheuerlichen Vollmachten“, die am Ende auch auf die Entmachtung des Reichspräsidenten durch den Reichskanzler hinauslief, war fertig vorbereitet. Nachdem Hitler Hindenburg mit einem gewaltigen Wortschwall zu den tödlichen Gefahren überschüttet hatte, denen sich Volk und Vaterland ausgesetzt sahen und denen endlich drastische Maßnahmen folgen müssten, zögerte dieser mit der Unterschrift, „begriff nicht gleich alles, [...] blickte auf Papen, fragend. Und Papen nickte. Daraufhin unterschrieb Hindenburg. Was er da unterschrieb“, so resümierte Haffner ein halbes Jahrhundert später, „das waren viele Blanko-Todesurteile. Auch, am Ende, das des Deutschen Reiches.“[239]

Obwohl sie in diesen Tagen zusammenwirkten, waren Hitler und Hindenburg am Ende doch falsche Bettgenossen. Ihr politisches Handeln unterschied sich in den Tempi und Ästhetiken: Hitler setzte auf Risiko und Zufall, Hindenburg auf Sicherheit und Stabilität. Der brave Soldat stand gegen den exzentrischen „Künstlerpolitiker“[240], graue Authentizität gegen messianische Inszenierung, Felddienstordnung gegen Nibelungenpartitur. Auch Hindenburgs selbstvergessene Eidestreue widersprach dem eitlen Verlangen, unvergessen, ja unsterblich zu bleiben. Zuletzt war Hitlers Hang zum Suizid Hindenburg vollkommen fremd. Im Reichspräsidentenwahlkampf von 1932 hatte dieser erklärt, dass die Sache für ihn ohne-

„The Red Peril", Bernard Partridge, Punch, 8. März 1933, © bpk/Bayerische Staatsbibliothek/Archiv Heinrich Hoffmann hin gewonnen sei: „Sein Gegner sei 85, er 43 Jahre alt; er könne warten."[241]

Im Vergleich zeigen sich die Unterschiede. Am Ende aber verschränkten sich konservative Disziplin und völkisch-*revolutionäre* Disziplinlosigkeit. Das gehorsame Verharren in der Tradition sowie das Festhalten an Posten und Privilegien bekräftigten die Ablehnung der bestehenden Ordnung. Alles Gemäßigte, alles Vermittelnde wurde zerrieben. Wer Hitlers Weg zur Macht verstehen will, kann nicht *nicht* über Hindenburg reden. Die unentschiedene Haltung und ein partielles Einverständnis nicht nur des alten Adels und der Militärs, für die Hindenburg stand, sondern auch weiter Kreise des nationalliberalen Bürgertums mit Versatzstücken faschistoider Politik und Ideologie erklären den Aufstieg der Nazis besser als die These vom Rechts-Links-Druck, unter dem die Weimarer Republik zerbrochen sei.[242] Hindenburg blieb auch nach Kriegsende und *Kaisersturz* und noch nach Hitlers Machtergreifung weiter im Dienst. Ob die Fahnen wehten, ob sie sanken, zerschossen wurden, wieder stiegen. Er machte weiter. Und hätte man ihn gefragt, wofür eigentlich, würde er sich wohl vorgespielt haben, dies alles immer noch für seinen König und den lieben Gott zu tun. So stand es zumindest im testamentarischen Brief an Hitler. Der staunte nicht schlecht, als er bei seinem Besuch am Neudecker Sterbebett vom schon dahindämmernden Alten mehrfach mit „Majestät" angesprochen wurde.[243] Das kam alles nicht von ungefähr und beruhte nicht nur auf dem schlechten Gewissen Hindenburgs gegenüber seinem 1918 abgedankten Kaiser. Bereits als Kind war er durch Versetzung des Vaters immer wieder von Kameraden getrennt worden, erlebte den Wechsel als schicksalsvolle Notwendigkeit. Wenn die Jungs „traurig fragten, warum sie schon wieder packen mussten, so hieß es einfach: Der König will's!"[244] Der König wollte es und blieb Hindenburgs tiefster Grund selbst dann noch, als es ihn nicht mehr gab.

In seiner Tannenberger Beisetzungsrede gedachte Hitler des „toten Feldherrn", der nun eingehe „in Walhall".[245] Die Anspielung auf die germanische Mythologie hätte sich der preußische Protestant Hindenburg verbeten. Ferdinand Sauerbruch erzählt bezeichnend vom letzten Gespräch mit Hindenburg: „Sauerbruch, Sie haben mir immer die Wahrheit gesagt [...]. Ist Freund Hein bereits im Schloss und wartet?" Ich nahm seine Hand und sagte: „Nein, Herr Feldmarschall, aber er geht um das Haus herum." – „Ich danke Ihnen, Sauerbruch, und nun will ich mit meinem Herrn dort oben Rücksprache nehmen." Als man den Vorhang zurückziehen wollte, um mehr Licht zu schaffen: „Lassen Sie nur so, was ich lesen will, weiß ich ja auswendig seit langer Zeit." Nach kurzem Blättern im neuen Testament, legte Hindenburg das Buch zurück: „Und nun, Sauerbruch, sagen Sie Freund Hein, er kann ins Zimmer kommen."[246]

Hitler, so sollte es 1934 aussehen, übernahm den Staffelstab nurmehr vom Feldherrn, nicht vom Politiker Hindenburg. Zur Kyffhäuser Denkmalweihe im Mai 1939 brachte dann die Frankenhäuser Zeitung den passenden Sinnspruch:

„In Bruderstreiten bliebst du Wegbereiter
Und großer Feldherr mit dem Marschallstab,
Bis dir des Krieges größter Gefreiter
Des ganzen Volkes Dank als Krönung gab."

Grottiges LTI am Kyffhäuser.[247] Als posthum „gekrönter Bürgerkönig" war Hindenburg Teil einer NS-Musealisierung des Berges geworden, so wie zuvor in Tannenberg als der „treue Soldat". Er stand damit zugleich außerhalb jener neuen Geschichtlichkeit, die lineare Muster von Fortschritt und Vernunft verwarf.[248] Mit anderen Worten: Vorgeschichtliche Mythen verdrängten preußisch-protestantische Realitäten. Unbesehen dieser Traditionsbereinigung – auch Bismarck stand nach der Machtergreifung nicht mehr so hoch im Kurs wie noch auf der Postkarte von 1933 –, kam Hitler im Juni 1941 mit dem Überfall auf die Sowjetunion noch einmal auf den Kyffhäuser und seinen mittelalterlichen Kaiser zurück. Mit dem „Unternehmen Barbarossa" musste der arme Rotbart nun auch noch für den *Kreuzzug* (Europas) gegen den Bolschewismus herhalten.[249] Hindenburg, inzwischen in Stein gemeißelt, stand still und stumm zur Seite. Nebenbei hatte man den Feldmarschall zum Namenspatron des Kampfgeschwaders 1 der Luftwaffe gemacht. Dass ein Krieg nach Osten, so wie einst die Italienpolitik der Staufer, in die strategisch falsche Richtung ging, störte nicht; nicht einmal das schlechte Omen, dass Barbarossa das Heilige Land nie gesehen, geschweige denn erobert hatte. Die Idee hatte Hitler 1937 in einer Rede zur Einweihung des Hauses der Deutschen Kunst in München verkündet: Der Kaiser habe als Erster „den germanischen Kulturgedanken ausgesprochen und als Bestandteil seiner imperialen Mission nach außen getragen".[250] Hitlers Hinwendung zu Barbarossa fiel mit einer Abwendung von Heinrich dem Löwen zusammen, dessen Braunschweiger Gruftöffnung 1935 von der NS-Propaganda noch groß gefeiert worden war.[251] Nüchtern betrachtet hätte 1941 ein *Unternehmen Heinrich* mit dem *Löwen* als Exponenten einer imperialen Ostpolitik[252] besser gepasst. Aber gleichviel, ob Barbarossa oder Heinrich, Süd oder Ost: Es blieben falsche Namensmagien am Rande fataler politischer Entscheidungen.

Als Klassenkampfchiffre tauchte der Rotbart am Kyffhäuser noch einmal 1985 auf. Die Stasi hatte ein sogenanntes „Operatives

Ausgangsmaterial Barbarossa" erfunden. „Unerwünschten Vorkommnissen" sollte, wie es hieß, mit dem Schild des schlafenden, aber doch immer wachsamen Kaisers begegnet werden. Es ging nun nicht mehr um Eroberungen im Süden oder Osten, sondern um Abwehrmaßnahmen gegen den Westen, von wo aus „neonazistisch-terroristische Organisationen das Kyffhäuserdenkmal durch Missbrauch des Einreiseverkehrs für feindliche Zwecke zu nutzen" suchten.[253] Laut Protokoll kam der Operation im Jahre 1986 besondere Bedeutung zu, weil man zur hundertsten Wiederkehr der Denkmaleinweihung konzertierte Aktionen rechtsextremistischer Besucher erwartete. Die Rechnung war schräg. Hatte man das Doppelmausoleum nicht erst 1896 hingesetzt? Womöglich verwechselten die Funktionäre das Ganze mit dem 200-jährigen Jubiläum des Kyffhäuserbundes, der 1786, nach dem Tod Friedrichs II. gegründet worden war. Es gab in diesem merkwürdigen Jahr 1986 auffällig viele 750-Jahrfeiern ostdeutschen Städte und Dörfer. *Schöner unsere Städte und Gemeinden*, so lautete das Motto. Und unsere Denkmäler. Irgendwas stimmte nicht mit der Verschönerungs- und Abwehrpolitik und schon gar nicht mit Barbarossa als *Wegbereiter* oder Verteidiger einer sozialistischen Moderne.

Sozialistische Professoren, Chinaveteranen und ein halber Denkmalsturz

„Nichts ist so unsichtbar wie ein Denkmal."
Robert Musil

Obwohl der Kyffhäuser nach 1933 zu einem nazistischen Gesamtkunstwerk und in zeitgenössischen Reiseführern zum „Berg des Soldaten" stilisiert worden war, blieb das Geschichtsgebirge nach 1945 von einer Totalzerstörung verschont. Es hätte anders kommen können. Die Kuppelhalle war während des Zweiten Weltkrieges zu einem Traditionskabinett deutschen Soldatentums aufgepeppt geworden. Mit den Urnen der Erde 1919 verlorener Gebiete ehrte man nun neben den „Toten der Freikorps" auch die „Märtyrer der Hitlerbewegung". Zu den Stelen der Architekten Bruno Schmitz und Alfred Westphal, Regimentsfahnen aus den Kriegen von 1813 und 1870, Standbildern Scharnhorsts, Roons, Bismarcks, Moltkes und Kaiser Friedrichs kam noch eine Hitler-Büste als Krönung der militärischen Ahnengalerie.[254] Auf dem Berg, so kommentierten Einheimische die seit Kriegsbeginn unübersehbare SS-Präsenz, gebe es „neue schwarze Raben".[255] Bereits in der Sage hatten sie vom Streit gekündet, der die Wiederkehr des Kaisers und der guten alten Zeiten verhindere.

Trotz der ideologisch schlechten Vorzeichen und obwohl Buntmetall ein begehrter Rohstoff war, entschieden russische Kulturoffiziere gemäß Verfügung des Alliierten Kontrollrats vom Mai 1946 zwar offiziell gegen die „deutsche militaristische Tradition"[256] am Kyffhäuser, aber für Barbarossa und Wilhelm I. Wann und von wem Hindenburgs Denkmal vom Sockel gestoßen wurde, blieb noch dem Schulprojekt der Nach*Wende*Zeit unklar. Der oberschlesischen Stadt *Hindenburg* hatte man gleich nach der Eroberung durch die Russen den polnischen Namen *Zabzre* zurückgegeben. In der Altmark gab es einen Flecken *Hindenburg*, der die uralte Namensgeschichte verbürgte,[257] an dem aber niemand Anstoß nahm. Auf dem Kyffhäuser wären diverse Möglichkeiten der Entsorgung denkbar gewesen: So könnte der Koloss noch vor Kriegsende umgelegt worden sein, quasi vorausschauend, um ihn den Augen der unaufhaltsam vorrückenden Alliierten zu entziehen. Dann kamen die Amerikaner, die bis zum Juli 1945 blieben und alles mitgehen ließen, was nicht niet- und nagelfest war. Vielleicht war Hindenburg ja von ihnen abtransportiert worden? Oder es gab einen spontanen Ausbruch von Wut und Vandalismus gegen den alten Götzen? Oder die Statue fiel in Erwartung gestrenger Visitationen der Sowjets, um das nationale Gesamtkunstwerk nicht zu gefährden. Vielleicht sollte Hindenburg gar nicht vernichtet, sondern nur versteckt werden, um ihn später wiederaufzustellen. Nicht die Russen, nicht einmal einheimische Kommunisten, sondern Anhänger des Feldmarschalls selbst könnten das Denkmal so unter die schützende Erde gebracht haben. Wenn man bedenkt, dass im Sommer 1945 aus überzeugten Nazis bisweilen über Nacht pragmatische Sozialisten wurden, wäre all dieses denkbar, möglich selbst angesichts eines Ortes, der noch zu Kriegszeiten von Wilhelms Reiterstandbild über Barbarossa und Hindenburg bis hinunter nach Bad Frankenhausen im Monumentalstil Albert Speers zu einer gigantischen nazistischen Trutzburg hatte ausgebaut werden sollen.

Dass es am Ende die Russen waren, die Hindenburg beerdigten, kann man bei Herbert Gottwald nachlesen. Zumindest schien dem Jenaer Historiker diese Lesart auf Grund der wenigen Quellen plausibel. Gottwald hatte die museale Umgestaltung des Kyffhäuser-Denkmals nach 1990 wissenschaftlich kuratiert. Zu späten DDR-Zeiten Professor für Neuere Geschichte geworden, war der 1937 geborene Niederschlesier und vertriebene Sudetendeutsche eine zerrissene Figur. Nach 1989 als „Parteihistoriker" von der Abwicklung bedroht, half ihm sein Forschungsschwerpunkt *politischer Katholizismus,* mit dem er auch im Westen wahrgenommen worden war. Mit viel innerem Gram avancierte er Anfang der 1990er-Jahre, nach erniedrigenden politischen Durchleuchtungen und entwürdigenden fachlichen Evaluierungen, zum Gründungsdirekter eines erneuerten Historischen Seminars in Jena – als ein Mann des Übergangs. Eingruppiert wurde er eine Gehaltsstufe unter den neuberufenen, viel jüngeren Professoren aus den alten Ländern. Gottwald vertrat nun selbst das Neue, ohne es zu loben oder gar zu lieben. Einen *Vernunftbundesrepublikaner* hätte man den guten Kenner der Weimarer Republik nennen wollen. Friedrich Meinecke und Thomas Mann waren trotz Bekenntnis zur Verfassung von 1919 immer *Herzensmonarchisten* geblieben. Aber nicht einmal das konnte Gottwald von sich sagen, der Parteigenosse und dennoch nie *Herzenssozialist* gewesen war. Gastprofessuren in Freiburg und Erlangen waren ihm wichtig. Von seinen abgewickelten Jenaer Kollegen geschnitten, manche wechselten die Straßenseite, blieb er an seinem alten Institut beschäftigt, krank an Körper und beschädigt vermutlich auch an der Seele. Irgendwann sagte er mir, wir warteten im Jenaer Universitätshochhaus auf den Fahrstuhl: „Der Servilismus hat ein Ende." Ob er damit die eigene Rettung oder das Ende des sich Andienens an einen westdeutschen Universitätskanzler meinte, der die neuen Verträge machte? Zu DDR-Zeiten las er pflichtschuldig eine *Geschichte der deutschen Arbeiterbewegung*, gelangweilt, ob der thematischen wie ideologischen Fußfesseln, die ihm damit angelegt waren, die Tasche immer auf dem Pult, so als ob er gleich wieder gehen wolle. Ich hörte ihn dann wieder Mitte der 1990er-Jahre, inzwischen sichtlich befreit, über die Kulturgeschichte des Kaiserreichs vortragen. In einem kleinen Hörsaal unter dem Dach des alten Jenaer Jugendstilhauptgebäudes von 1908 schwärmte er von Gustav Freytag und Alfred Kerr und zitierte lustvoll aus Bismarcks *Erinnerungen*. Dieses Kaiserreich konnte man mögen. Hier kannte er sich aus und fühlte sich wohl.

Michael Ploenus, damals Student, später Doktorand Gottwalds, erzählt mir einiges über das Ausstellungsprojekt, weiß von biografischen Fragmenten eines sensiblen, in den Wirren des Jahrhunderts „gebrochenen Charakters". Gottwald erlebte als Kind die Flucht seiner Familie aus Niederschlesien nach Magdeburg, musste mit ansehen, wie sein Großvater von den Polen erschlagen wurde. Protestantisch erzogen, zitierte er (mit Vorliebe vor *schrift*unkundigen Atheisten) gern Bibelverse, war aber auch Genosse und Parteisekretär. Irgendwann hatte er – wofür? – den Orden *Banner der Arbeit* bekommen. Ploenus wurde einmal von einem Kommilitonen gefragt, warum er zu Gottwald ginge. Da könne man doch nichts werden. Wenn er Karriere machen wolle, sollte er sich doch „lieber an andere hängen". Ploenus fühlte sich bei ihm einfach wohl. Und so kam er Mitte der 1990er-Jahre dann auch auf den Kyffhäuser. Die Ausstellung war Teil eines Seminars:

> „Zum einen sollten Nationaldenkmäler in Europa beleuchtet […], zum anderen sollte die Geschichte des konkreten Denkmals von seiner Grundsteinlegung bis in die Gegenwart nachgezeichnet werden. […] Es war ein sehr kleiner Kreis von Studis (vielleicht fünf bis acht

Leute), der sich zudem bald separierte, weil jeder eine konkrete Aufgabe, sprich: eine konkrete Ausstellungstafel thematisch zugewiesen bekam. Alles war, aus heutiger Sicht, sehr konventionell: Tafeln mit Bildern und Texten. Auf mich kam die Zeit des NS. Ich habe partout keine Erinnerung mehr, wie die Recherche konkret ablief. Gottwald hatte den Fundus eines Fotografen aufgetan, und ich weiß noch, dass das größte Problem darin bestand, herauszufinden, wie oft Hitler auf dem Kyffhäuser war.[258] Da gab es Fotos, aber ohne genaues Datum. Wir suchten in Lokalzeitungen und so weiter. Wir kamen in meiner Erinnerung auf zwei Besuche, wobei der ‚Führer' 1934 beim ersten Mal in Zivil erschien. Ein ewiges Hin und Her in der Suche nach konkreten Antworten. Es ging auch um die Rolle des Kyffhäuserbundes und um Fragen der damaligen Umgestaltung des Ensembles. Ich schrieb fleißig Texte, Gottwald redigierte behutsam. Es war eine Arbeitsatmosphäre, in der er mich nie spüren ließ, dass ich ‚nur' Student bin. Es sind wohl genau diese Eindrücke, die einen jungen und so oder so formbaren Menschen besonders nachhaltig prägen. Am Ende hatten wir Bilder und Texte zusammen, und ich gab […] der Tafel die Überschrift: Soldatentum und Nationalsozialismus. Wir waren insgesamt mit dem Ergebnis zufrieden. Aber da lauerte noch der Lektor. Es war ein externer Ausstellungsmacher verpflichtet, nennen wir ihn Herrn F., bei dessen Nennung Gottwalds Gemüt sich augenblicklich verfinstere. Er hatte diese unnachahmliche Art, mit einem Seufzer oder einer Geste seinem Unmut gequält Ausdruck zu geben. Herr F. kam zur Begutachtung unse-

> res Entwurfs und Gottwalds schlimmste Befürchtungen traten ein. So ginge dieses und jenes nicht, vor allem die Überschrift sei nicht brauchbar. In jugendlichem Stolz versuchte ich, meine Idee zu retten, Gottwald sprang bei, Herr F. tanzte regelrecht und gestikulierte. In der Überschrift drücke sich kein Konflikt aus, bemerkte er, keine Spannung. Und da schlug ich in einer spontanen Geistesanwandlung vor, es einfach ‚Zwischen Soldatentum und Nationalsozialismus' zu nennen. Gottwald meinte ganz ruhig, ja, das sei jetzt genial. Herr F. war seltsamerweise ruhiggestellt. Ich weiß heute absolut nicht mehr, was dieses ‚zwischen' genau geändert hat oder meinte. Aber damit war alles anscheinend geklärt – und ich stolz auf meine erste Veröffentlichung."[259]

An den Festakt von 1996 erinnert sich Ploenus nur noch schemenhaft. Die siegesdeutsche *Wotan*-Stimmung von 1990 hatte sich wohl etwas abgeschwächt. Gottwald habe unruhig auf dem Podium gesessen, während Rita Süßmuth und Alfred Grosser salbungsvolle Worte sprachen. Unter der Politprominenz war es Gottwald sichtlich unwohl. In der Gluthitze des Tages kippte dann noch ein Bundeswehrsoldat um. Findige Lokalpolitiker hatten zuvor, um Deutschtümeleien zu entkommen, eine Europakampagne um den Erhalt des Kyffhäusers geführt, „so wie er war". Kein Geringerer als der aus Paris eingeflogene Alfred Grosser attestierte dem Denkmal des Franzosen-Bezwingers, dass es *eigentlich* nicht „gegen Frankreich gerichtet" sei. Das war sehr freundlich. Da machte es nichts, dass sich vor der offiziellen Feier noch einmal Tausende Kameraden des Kyffhäuserbundes vor ihren Kaisern verneigt hatten – das Gros uniformiert, mit Standarten, Fahnen und Orden.[260] Fast ging es zu wie bei einem Reenactment, nur ohne Schlacht und inzwischen auch ohne Gegner. Es war die letzte emotionale Aufwallung am Berg nach den üblichen einhundert Jahren, wonach alles noch so Hitzig-Politische normalerweise in den historischen Kühlschrank kommt.

Für Gottwald gehörte der Kyffhäuser in die Epoche des Kaiserreichs und zu deren Schattenlinien. Seinen in Vorbereitung des Festakts gehaltenen Vortrag zum „Kaiserdenkmal im Sozialismus“ (1996) begann er unter Verweis auf eine berühmte Stelle aus Thomas Nipperdeys *Deutscher Geschichte*: „Wie in vielen anderen Bereichen des gesellschaftlichen Lebens der DDR erweist sich ihre Hinterlassenschaft nicht als absolut schwarz, sondern als ‚grau, in unendlichen Schattierungen.‘ “[261] Vieltöniges Grau lag und liegt noch immer über dem Ort, der Gottwald weitab einer sich erneuernden Universität zur Aufgabe und zu einem Stück Identität wurde, nicht so wie den Frankenhäuser Schülern, aber doch auch als ein Haltepunkt in schrumpfender Gegenwart. Die Arbeit am Museumskonzept betraf trotz kritischer Distanz zur militaristischen Tradition etwas ambivalent Eigenes. Sich den Deutungshoheiten westdeutscher Kollegen in Sachen Denkmalpolitik der DDR und der *neuen Länder* zu widersetzen, trieb ihn gewiss auch ein wenig an.

In Vorbereitung der Hundertjahrfeier hatte Gottwald die Akten im Weimarer Staatsarchiv eingehend studiert. Viel zu feiern gab es angesichts der ernüchternden Druckerschwärze auf Ormig allerdings nicht. Parteichinesisch und verwaltungsostdeutscher Sprech. Briefe mochte er ganz gern, schrieb auch öfter an Dekane und Rektoren, um für seine Themen und Mitarbeiter zu werben, etwas devot – er las sie uns vor – für unseren Geschmack, aber wohl formuliert. Gottwald war damals schon krebskrank. 2009 ist er nach vielen Operationen und Bestrahlungen gestorben. Um Schmerzen auszuhalten und aus Angst vor Peinlichkeiten trank er vormittags schon mal ein Starkbier, dabei immer gesprächsfreudig, oft mit einem Seufzer, ob der politischen oder kulturellen Lage, oder weil wir etwas nicht wussten aus seiner *Fin-de-Siècle*-Wunderkiste. Zu Leutnant Gustls „Dich hau' ich zu Krenfleisch !" enttäuscht: „Was, das kennen Sie nicht?" In seinem Dienstzimmer hing lange eine Gebrauchsgrafik des Kyffhäusers von August Unger (1898). Er hatte sie von einem Studenten des Seminars geschenkt bekommen. Entstanden im Todesjahr Bismarcks, erinnerte sie an Gottwalds Fernweh nach dem Falschen im Nichtrichtigen. Daneben das Regal mit dem marxistischen Lexikon der bürgerlichen Parteien.[262] Er hatte daran über Jahre mitgearbeitet. Als er 2002 in den Ruhestand ging, geräuschlos und ohne eine Abschiedsvorlesung, schenkte er das liebevoll gerahmte Bildnis Michael Ploenus, der es mir überließ, als er von meinen Hindenburgforschungen am Berg hörte.

Als ich mir die Weimarer Papiere im Oktober 2020 anschaue und Gottwalds Namenszug in den Benutzerverzeichnissen lese, wird mir klar, wie vergänglich Wissenschaft und Leben sind. Im Dezember 1995 hatte er sich durch die Kyffhäuserkorrespondenzen der verschiedenen Ministerien gequält, die mit den sozialistischen Bereinigungsversuchen des reaktionären Bergheiligtums befasst waren. In die Nutzerlisten der Akten setze ich meinen Namen unter den Gottwalds. Mehr als zwei, drei Leute haben sie in den fünfundzwanzig Jahren seither nicht gesehen. Warum auch? Unentschiedenes Hin und Her. Die Dinge wurden ganz woanders entschieden. Gesamteindruck: politische Polykratie in der thüringischen Provinz. Ablehnung, Irritation und Ignoranz in Grautönen. Am Ende ein Machtwort der Berliner Zentrale. Diktaturen vermögen nie Ordnung zu schaffen, nicht in den Strukturen und noch weniger in den Köpfen.

Im Marstallgebäude des Weimarer Schlosses sitzt man in moderner, großzügiger Atmosphäre. Der Muff der 1980er ist aber irgendwie noch da, die Stimmung in Corona-Zeiten extra bürokratisch. Es gab Jenaer Zeithistoriker, die vor und nach 1990 ständig hier waren, um unendlich langweilige Fußnotenberge unter ihren Aufsätzen anzuhäufen. Vielleicht fühlten sie sich im *Staatsarchiv* wichtig, weil die Weimarer Kulturadministration immer so wichtig war. Goethe hätte in Frankfurt bleiben sollen. Hindenburg war 1926 in der Stadt, um die Ehrenbürgerwürde der Jenaer Universität entgegenzunehmen. In seiner Dankesrede auf dem Fürstenplatz rief er den aus der Saalestadt angereisten Burschen und Corpsstudenten zu, „dass niemand das traditionelle Gut der Studentenschaft, das Fechten, antasten dürfe. Viel eher müsse man im Boxen einen lebensgefährlichen Sport erblicken, wegen der Möglichkeit, eine zerschlagene Kinnlade zu bekommen."[263] Boxen galt als *englisch* verdorben, nach dem verlorenen Weltkrieg zumal.

Obwohl ich morgens der Erste im Archiv bin und lange allein im Benutzersaal sitze, darf ich die Maske nicht einen Fingerbreit unter die Nase schieben. Argwöhnisch beobachtet mich die Aufsicht. Blättere daher eher missgelaunt in den Papieren und übersehe vielleicht einiges, unter gefühltem Sauerstoffmangel zumal. Der Körper wird immer vergessen bei der Geschichtsschreibung. Gottwalds Krebs und das Starkbier, Nietzsches ewige Kopfschmerzen, Rankes unmöglicher Wille, angesichts der Geschichte sein *Selbst* auszulöschen. Mit Ploenus brachte Gottwald später noch eine Quellensammlung über die „Wende" an der Universität Jena heraus.[264] Sein eigenes Problem. Der Historiker als Zeitzeuge und umgekehrt. Gottwalds Credo: „Zwei Dinge sollte man in einem akademischen Leben nur einmal tun: einen Dokumentenband herausgeben und eine Ausstellung gestalten."[265]

Vom Weimarer Hauptstaatsarchiv wechsele ich ins Rudolstädter Landesarchiv. Die Stimmung dort: locker. Auf der Heidecksburg scheint man mehr Lust auf die Geschichte und ihre Nutzer zu haben. Auch die Kopierkosten sind nicht so horrend wie in der Goethestadt. Der Verweis auf Datenschutzrechtliches ist sowieso überholt und vormundschaftlich, jetzt, wo überall mit dem Handy fotografiert werden kann. Selbst ist die *Userin*. Fast leutselig ist die Bedienung auf der Burg. Man kriegt Kaffee aus der Mitarbeiterkanne. In der hiesigen Akte sind Vorgeschichte und Aufstellung des Hindenburg-Denkmals präzise erfasst, vom Aufmarschplan der 6.000 Mann bis hin zu den Kosten der Veranstaltung. Auf den Karten sind Sammelplätze, Routen, Straßensperren und Toiletten eingezeichnet. Deutsche Gründlichkeit. Die Frankenhäuser Gymnasiasten hatten die Unterlagen 1992 auch schon gesehen. Ein Glücksmoment für alle Beteiligten. Die Goldader, da war sie. Frau Weedermann, freundliche Lesesaalaufsicht, erinnert sich noch gut daran, berät mich in allem und hebt mir spontan noch ein paar Hindenburg-Briefe aus dem Nachlass der letzten Schwarzburger Herzogin Anna-Luise (1871–1951) aus, für die ich Interesse geäußert hatte. Analoge Möglichkeiten der kleinen Einheit, unentfremdete Forschung. Tagebücher und Fotos der Fürstin sind ein besonderer Schatz des Archivs. Moderne Frau aus der Hindenburgzeit mit Identitätspotenzial noch im adelsfeindlichen Sozialismus. 1951 kamen zur Beisetzung Anna-Luises in der Rudolstädter Stadtkirche 1.600 Menschen.[266] Zur Denkmalweihe von 1939 fehlen Selbstzeugnisse. Ob es tatsächlich ablehnende Stimmen gab, damals, als Hitler obenauf und Hindenburg zur großen deutschen Vergangenheit verklärt wurde? Ob jemand umkippte, wie beim Festakt zur Einhundertjahrfeier der Bundeswehrsoldat? Der Mai 1939 war nicht so heiß wie der Juni 1996.

Den Hinweis auf die Rudolstädter Quellen verdanke ich Petra Wäldchen, Historikerin und Stadtführerin in Bad Frankenhausen. Sie führt uns auf Exkursion Anfang 2020 von der schiefen Oberkirche, schiefer als der Turm von Pisa, bis hinauf aufs Schlachtfeld und zu Tübkes Bauernkriegspanorama. Seit Anfang der 1980er-Jahre war Tübkes Memorial für handverlesene Gäste zugänglich. Wäldchen instruierte da bereits die eine oder andere Gruppe und manchen Prominenten. 1987 kam Golo Mann. Der ging aber mit dem Meister selbst. Von Thomas Müntzer erzählt sie viel. Ihn verehrt man hier noch immer. Selbst die AfD beruft sich auf den Bauernführer als radikalen gesellschaftskritischen Prediger. Wäldchen ist das sichtlich peinlich. Sie kennt das lokale Politbarometer. Auch Luther gehört zur Tradition, obwohl zu DDR-Zeiten lange als Verräter der Bauern geltend und inzwischen wegen seiner antijudaistischen Federexzesse in der Kritik.

Eine ideologisch begründete Dichotomie von *revolutionärem* Bauernkriegspanorama und *reaktionärem* Kyffhäuser-Denkmal sieht Wäldchen nicht. Barbarossa sei immer eine Hoffnungsfigur der kleinen Leute gewesen, genauso wie Müntzer, viel wichtiger als die dem Berg aufgepfropften preußisch-deutschen Traditionen. Zu Hindenburg gibt es immer wieder Fragen. Wäldchen hat sich auch zu ihm gut informiert, Archive besucht, Zeitungen studiert, mit den Leuten vor Ort diskutiert. Das liegende Denkmal hatte sie sich anders vorgestellt. Sie erzählt vom alten Kastellan, der den Reichspräsidenten noch als lebende Legende auf dem Kyffhäuser getroffen und nach dessen Tod weiter verehrt hatte. Richard Horn, so hieß der Mann, war das Faktotum am Berg. 1900 hatte er an der Niederschlagung des Boxeraufstandes teilgenommen. Auf den Kyffhäuser kam er 1906 als Seesoldat außer Dienst. Den Chinesen soll er im

Kyffhäuser-Denkmal um 1900, Quelle: © Library of Congress, Washington, D.C./USA, via Wikimedia Commons

Postkarte mit Darstellung der geplanten Nationalstätte 1898, Foto: Privatarchiv Matthias Steinbach

Reiterstatue Kaiser Wilhelms I., Foto: Jörg Gehlmann

Kaiser Barbarossa unterhalb des Reiterstandbilds von Wilhelm I., Foto: Holger Eberle

„Der aufmerksame Schrankenwächter“, Paul Simmel, „Ulk“ (1914)

„Weihnachtspfefferkuchenersatz, Marke Hindenburg“, „Kladderadatsch“, 24. Dezember 1916

„Hindenburgs Ansprache bei der 25-jährigen Feier des Kyffhäuser-Denkmals“, nach einem Gemälde von Willy Werner, © akg-images

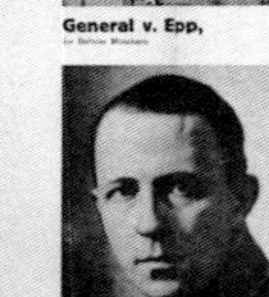

Wahlplakat der NSDAP (1932), © bpk, Deutsches Historisches Museum, Foto: Sebastian Ahlers

Hitler und Hindenburg am „Tag von Potsdam“ (21. März 1933), © Bundesarchiv

Propagandapostkarte der NSDAP mit den Porträts von Friedrich II., Bismarck, Hindenburg und Hitler (1933), © bpk, Deutsches Historisches Museum, Foto: Indra Desnica

Hindenburg und Hitler auf Gut Neudeck im Juli 1934, © bpk, Bayerische Staatsbibliothek, Foto: Heinrich Hoffmann

Hermann Hosaeus (l.) am Denkmal (um 1945), © Universitätsarchiv TU Berlin

Hindenburgstatue in Tannenberg von Friedrich Bagdons (1935), © Universitätsarchiv TU Berlin

Hindenburg-Denkmal am Kyffhäuser (2021), Foto: Matthias Steinbach

Das Panorama Museum in Bad Frankenhausen, Foto: Peter Eberts

Kyffhäuser-Denkmal, Foto: Peter Eberts

Kampf eine Fahne entrissen haben. Dafür bekam er das preußische Militärverdienstkreuz, den „Pour le Mérite" für Unteroffiziere. Der Berg hatte seine Berühmtheit, das kleinteilige Thüringen seinen weitgereisten und schlachterprobten Weltenbummler. Den Posten des Kastellans gab es seit Baubeginn des Denkmals. Inhaber sollte am besten ein gewesener, im Pulverdampf gestandener Soldat sein, jemand Fronterfahrenes für die Heimatfront. Horn war noch jung, als er die Burghausmeisterwohnung bezog. Über die Jahre gestaltete er sie zu einem Traditionskabinett kolonialer Geschichte des Kaiserreichs aus, zu seiner Geschichte, die mit zunehmendem Abstand immer größer und heroischer wurde. Mitlaufende Botschaft nach 1919: „Und was der Feind uns angetan!" Horns Nachlass wurde vor einigen Jahren bei Ebay verkauft. Auf Militaria-Webseiten kursieren noch Orden und Fotos, auch das mit dem SS-General Reinhard zur Denkmalenthüllung. Horn inszenierte sich als ein kleiner Held neben den großen. Dass er als engagierte Aufsicht im kaiserlichen Traditionstempel nach dem Zusammenbruch der Monarchie kein Freund der Weimarer Republik wurde, lässt sich denken. Im Kyffhäusergebirge galt die Verfassung nicht. Es gab Uniformen und Märsche, die Felddienstordnung und den alten Chef. 1933 ging Horn mit fliegenden Fahnen zu Hitler über, den er 1934 persönlich durch den Kyffhäuserwald zum Denkmal und zu den mittelalterlichen Burgruinen führte.[267] In der Denkmalfrage engagierte er sich seit Mitte der 1920er-Jahre, im Kyffhäuserbund sowieso. 1939 begrüßte er Hitler dann noch einmal zu Füßen Hindenburgs. Nach 1945 blieb er im Dienst, fiel bald unangenehm auf, weil er noch weiter seine schwarze Kyffhäuserbunduniform trug und die alten Eintrittskarten mit dem Vermerk, „der NS-Reichskriegerbund ist Eigentümer des Denkmals", verkaufte.[268] Horn war hier aber weniger heimlicher Ideologe als nüchterner Pragmatiker. Neue Arbeitskleidung gab es nicht und Papier war teuer. Und Eintritt musste nun mal jeder bezahlen, der den deutschnationalen Nostalgietempel sehen wollte. Nach diversen Denunziationsschreiben wurde er 1950, inzwischen 80-jährig, von seinem Posten entbunden. Ein paar Jahre saß er noch an der Kasse und riss Karten ab, wie im Kino.

Beim Skilaufen am Brocken treffe ich im Februar 2022 einen Jenenser, ein paar Jahre älter, mit ähnlichem Weg von Ost nach West. Joachim Heuer, gelernter Maschinen- und Anlagenmonteur, ist heute Medizintechniker in Hildesheim. Als wir auf den Kyffhäuser zu sprechen kommen, entrüstet er sich: Zu DDR-Zeiten hätte man da keinen Eintritt bezahlen müssen. Lockere Aussichten in die Geschichte und die Landschaft für jedermann seien das gewesen, damals in den 1970ern bei seinem ersten Besuch. Bei *Tripadvisor* finden sich tatsächlich heftige Kritiken an den heutigen Eintrittspreisen. „Ich nicht wieder! Zu DDR-Zeiten gab es dies hier unentgeltlich! Sonst sehr schöne Sicht bis zum Harz und Thüringer Wald", so eine Bewertung. Eine andere: „Was für eine Abzocke! Am Parkplatz Souvenir Buden und Bratwurst und Getränke. Soweit o. k. Dann aber zur Toilette ... 500 m, auch noch o. k. Jetzt aber kommt's; um zur Toilette zu kommen ist man genötigt das Denkmal zu besuchen. 8,50 € pro Person. Selbst wer nur in die Außenanlagen und gar nicht ins Museum möchte. Danke, dann lieber in den Wald geschi... (Juni 2021)."

Mit dem freien Eintritt vor 1989 stimmt es nicht ganz, aber billiger war es schon und das Aussichtsplateau bis Ende der 1970er-Jahre noch kostenlos zugänglich. Kritik an den Preisen hatte es immer gegeben. Bereits 1910 vermeldete die *Frankenhäuser Zeitung*, dass Schulklassen dem Denkmal fernblieben, weil die 25 Pfennige pro Kopf als zu hoch empfunden wurden.[269] Heuer erzählt mir noch von einem zweiten Besuch. Radtour mit seiner Tochter 2018. Da kosteten das Hohenzollernkino und die inzwischen kaiserverherrlichende Sicht der Führerin schon ordentlich. Wie zum Abschied in der Spur versprochen, schrieb er mir noch ein paar Takte zu seinen Erfahrungen mit Kaisern und Berg:

> „In der Schule, bei Geschichtslehrer Schubert, hieß es: Der schlafende Rotbart F 1 sollte an die glorreichen Kaiserzeiten erinnern, wo es ein geeintes Reich gab. Den Lehrer fand ich gut! Der war cool und hat gleich hinzugefügt, dass es damals gar nicht so toll war mit Einigkeit im Heiligen römischen Reich deutscher Prägung. In einem Buch fand ich später heraus, dass Barbarossa sich auch nicht gerade mit Ruhm bekleckert hatte. Unser Lehrer versuchte auch, uns die Vielschichtigkeit von historischen Personen oder Ereignissen zu lehren, z. B. dass Haile Selassie, der eben nicht nur der brutale Herrscher war, sondern sein Land erfolgreich gegen die Italiener führte und sich dadurch Ansehen erwarb. In jener Führung 2018 jedoch ging die dozierende Dame so weit, dass eine Verherrlichung von W1 dabei herauskam. Sie erzählte uns in ehrfürchtigem Singsang, dass dann 1871 durch die Krönung im Spiegelsaal zu Versailles endlich wieder ein neues Reich erschaffen wurde und die Sehnsucht damit ein Ende hatte.
>
> Wir waren nicht viele Zuhörer, und es war ein familiäres Klima. So konnte ich danach mit ihr sprechen und ihr meine Verwunderung mitteilen. Sie entschuldigte sich mit dem Hinweis, dass sie nie eine fundierte Ausbildung in dieser Richtung bekam, sondern ihr Wissen sich hier

> und da durch Zuhören aneignete. […] Eine große Rolle spielte jedenfalls der Sieg über die Franzosen, die Freude am Neuentstehen des Reichs und die Trauer über dessen Untergang 1918. Die Dame war sehr nett und ich konnte ihr eigentlich kein böses Wort sagen, hab' ihr aber gesagt, wie es bei mir angekommen ist, und dass ich es für verfehlt halte, das Kaisertum so anzupreisen.
> Ganz im Gegensatz dazu machten wir am nächsten Tag unter der Kuppel des Panoramamuseums eine Führung, die mich positiv umhaute! Mag sein, dass ich durch Erziehung und Gesinnung vorbelastet bin. Aber die Professionalität und das künstlerische + historische Verständnis des alten Mannes, der uns mit seinen Worten rund um das Bild begleitete, war für mich eine Offenbarung! Die Besucher kauerten in der Mitte, es war ruhig, seine Stimme […] fest und doch total entspannt. Das übertrug sich auf mich."[270]

Der gefühlte Widerspruch von Hohenzollernberg und Bauernkriegspanorama, ästhetisch, politisch und menschlich, überrascht mich nicht. Zusammenstöße, die keine Musik ergeben. Heuers Problem: „Wie kann man einen solchen kriegsverherrlichenden Berg mit Bismarck und den Kaisern nur so unkritisch sehen?" Barbarossa sei touristisch und als Märchen ein Türöffner, okay. Dagegen stamme der ganze Militaria- und Wilhelmspuk mit schlimmen Folgen aus der Wirklichkeit der 1890er-Jahre. In meiner Antwort versuche ich zu differenzieren: Der Berg habe mit Bismarck wenig zu tun; getrennte Kanzler- und Kaisermilieus. Der *Lotse geht von Bord.* Es habe damals nicht nur die eine große Kriegspartei gegeben, die auf dem Kyffhäuser klingelte. Worum geht es mir? Das Kaiserreich vor dem Dritten Reich in Schutz nehmen? Das vielleicht nicht einmal. Eher um gedachte und tatsächliche Möglichkeiten eines anderen 1914 und eines anderen Deutschlands im 20. Jahrhundert.

„Erbe- und Traditions"-Kosmetik statt Totalzerstörung

„Helden neigen selten zu Heldenverehrung."
Jack London

Auf dem Kyffhäuser verwechseln die Leute Hindenburg öfter mit Bismarck oder den Kaisern. Petra Wäldchen verwies dann immer auf die Schilder und die Holzstatue des Marschalls in der offenen Grube. Aber es half alles nichts. Ein gewisser Hohenzollernpatriotismus war bei den Einheimischen immer da, selbst zu sozialistischen Zeiten. Man blieb stolz auf den eigenen Geschichtsberg. Und auf Rückerts *Barbarossa* sowieso. Er war der Gute. Mehr als Reichspräsident, denn als Feldmarschall gehöre Hindenburg zum Denkmalkomplex, meint Wäldchen. Zuschaufeln wäre nicht okay, Aufstellen ginge aber auch nicht. Neben dem kommunistischen Wahlkampfmotto „Wer Hindenburg wählt, wählt Hitler …" gehört Theodor Plieviers „Der Kaiser ging, die Generäle blieben" zur *volkseigenen Erfahrung* Wäldchens und anderer, mit denen ich vor Ort rede. Einfach und klar und oft genug wiederholt, hämmerten die Slogans sich ein, bei ihnen wie bei mir. Hindenburg blieb vermintes Gelände im Feld der großen Antifaschismuserzählung.

Mit ihm und den Generälen war es nun aber einmal zu 1933 gekommen. Es gibt Fakten. An ihrem Tun und Versagen ist nichts zu beschönigen. Es führte in den Abgrund. Und selbst Friedrich Ebert, der „sozialistische Verräter", stand 1918 neben ihnen auf der Tribüne, um das „im Felde unbesiegte Heer" in der Heimat zu begrüßen. Dass es im Schatten von Pickelhabe und Militarismus noch um eine zu überwindende Untertanengeschichte ging, eine besonders preußische, besonders deutsche, wusste man seit Heinrich Mann. Dessen *Untertan* hatte sich, so wie er inbrünstig vor Adel und Militär buckelte, freiwillig zum Knecht gemacht und alle – selbst die im Kaiserreich mögliche – Freiheit in Bücken, Treten und Stiefellecken übersetzt. Das alles zielte nach innen, in einen dunklen deutschen Geschichtsbauch, der immer noch da war. Am Ende der Verfilmung des Romans durch Wolfgang Staudte (1951) erklangen die Fanfaren der NS-Wochenschauen. Ein Kaiser-Wilhelm-Denkmal stand, umhüllt von Rauchschwaden, inmitten der Ruinen einer zerbombten deutschen Stadt. Krieg nach vorn und Krieg nach hinten.

Aus den Weimarer Akten lässt sich ersehen, dass 1945 eine Totalzerstörung des Kyffhäusers im Bereich des Möglichen lag. Auch Helgoland hatten die Engländer zu sprengen versucht. Obgleich zwischen Göttingen und Leipzig weithin sichtbar, hatte der Berg während des Krieges keinerlei Bombentreffer abbekommen, anders als zahllose Burgen und Kirchtürme, die noch in der letzten Kriegsphase am Rande der strategischen Bombardements zerstört wurden.[271] Erst nach Kriegsende wollten kommunistische Aktivisten alles in die Luft jagen. Einer von ihnen war Otto Schröder, seit 1945 Kreisschulrat in Artern. Mit seinen Genossen hatte er nach Bekanntwerden der Kontrollratsdirektive zur Zerstörung all dessen aufgerufen, was geeignet war, „die deutsche militaristische Tradition zu bewahren". Dies betraf in Schröders Augen das gesamte Kyffhäuser-Denkmal und nicht nur Hitlers Büste oder Hindenburgs Statue. Am Ende entschieden die Sowjets, die den Berg mit Marschall Sokolowski und Außenminister Molotow an der Spitze öfter besuchten. Ob die Kyffhäuserdenkmäler insgesamt dem Erdboden gleich gemacht oder zumindest in Teilen demoliert werden sollten, blieb noch lange offen.

Im tiefsten Inneren deutschfreundlich gesonnen, gefiel es den Russen so schlecht nicht auf der alten Reichsburg. Im wilhelminischen Protz ließen sich für die Repräsentanten des politischen und militärischen Moskaus Muster prästalinistischer Architektur wiedererkennen. Das Heroische war gut, nur in die falsche Richtung gegangen. So blieben sie auf ihre Weise besonnen. Zu Hindenburg, den man zunächst nicht sonderlich wichtig nahm, findet sich in den Akten unter dem 17. April 1947 eine Anfrage des Denkmalamts an den Landrat in Sondershausen:

> 1. „Das Hindenburg-Denkmal auf dem Kyffhäuser stand im vorigen Herbst noch. Es sollte, wie mir berichtet wurde, beseitigt und von seinem Standort weggebracht werden.
> 2. Das Kyffhäuser-Denkmal sollte auf Veranlassung der SMA auch vollständig beseitigt werden. Danach erfuhren wir aber, dass es doch stehen bleiben soll.
>
> Wir bitten um Mitteilung über den Stand der beiden Angelegenheiten, insbesondere, ob der Plan der Beseitigung des Kyffhäuser-Denkmals noch besteht und wieder durchgeführt werden soll und ob, falls das Hindenburg-Denkmal noch steht, es sich um ein Stein- oder ein Erz-Denkmal handelt und wann und wie es nun beseitigt werden soll.“[272]

Das Schreiben gibt einigen Aufschluss über das Chaos im behördlichen Umgang mit der Angelegenheit. Zwei Jahre nach Kriegsende war demnach „betreffs Hindenburg-Denkmal auf dem Kyffhäuser und Kyffhäuserdenkmal“ noch alles offen. Vermutlich wäre von einem erzenen Hindenburg nichts übriggeblieben. Metallspende, Fall erledigt. Aber die Mumie aus Stein? Entschieden wurde die Sache durch keinen Geringeren als den Staatsanwalt der UdSSR und Stellvertreter Molotows, Andrej Wyschinski. In den berüchtigten Moskauer Schauprozessen hatte er den gnadenlosen Ankläger im Dienste Stalins[273] gegeben. Jetzt war er auf dem Kyffhäuser der Bestimmer und verfügte, „dass an allen Anlagen, die vor 1933 bestanden haben, Veränderungen nicht vorgenommen werden sollen". Damit waren die Würfel für den Erhalt der Kaiserdenkmäler und gegen Hindenburg gefallen. Auf Grund dessen und „im Einvernehmen mit den zuständigen Ministerien" ließ das Staatshochbauamt nun „sämtliche Inschriften militärischen und faschistischen Charakters", einschließlich des „Hindenburg-Denkmals nebst flankierenden Geschützen" beseitigen.[274] Nun also doch. So verschwand der Koloss im Sommer 1947 von der Bildfläche. Löcher und Kratzer von Bohrern, Hämmern und Spitzhacken im Mantel der Statue sprechen dafür, dass man sie zunächst zu zerstören suchte. Da der alte Soldat aber nicht kaputtzukriegen war, wurde er unter die Erde gebracht, geschehen durch ein Kommando einheimischer Arbeiter unter Aufsicht der Russen. Es gab keine johlende Menge, wie bei der Zerstörung der Saddam-Standbilder in Bagdad 2003. Niemand tanzte auf dem gefallenen Marschall, so wie die Franzosen im November 1918 auf gestürzten Hohenzollerndenkmälern in Metz und Straßburg. Anders als beim spektakulären Sturz der Statue des Sklavenhändlers Colston im Juni 2020 in Bristol, der durch Tausende Handyaufnahmen dokumentiert ist,[275] existiert von Hindenburgs Entsorgung, einer sachlich nüchternen, sehr deutschen Maßnahme, kein einziges Foto. In seinem Tagungsbeitrag von 1996 war Gottwald auf das Hindenburg-Denkmal nur kurz eingegangen, ohne weiteren Kommentar. Die Frage, was mit dem steinernen

Marschallpräsident geschehen und wo er verblieben war, stellte sich niemand.

Der Kyffhäuser blieb auch ohne Hindenburg noch lange umstritten. So attestierte das Thüringer Volksbildungsministerium dem Denkmalkomplex „künstlerische Wertlosigkeit" bei latenter „nazistischer Gesinnung". Die SED und das staatliche Denkmalamt sahen die Dinge ähnlich. Das „Ende der Kunstperiode", von Heinrich Heine einst mit dem Schwinden des romantischen Gefühls schöner Ganzheit in Zusammenhang gebracht,[276] war erreicht. Was jetzt noch zählte, waren politisch-ideologische Wertmaßstäbe. Klagen richteten sich inzwischen auch gegen Angestellte, die im Gründungsjahr der DDR noch in den Uniformen des Reichskriegerbundes Dienst taten, darunter der Chinaveteran Horn. Der Kyffhäuserbund, in der Bundesrepublik 1952 durch den gewesenen SS-Gruppenführer Reinhard wiedergegründet, blieb in der DDR verboten. In der *Berliner Zeitung* gipfelte im Mai 1950 ein Angriff gegen das als faschistoid empfundene Milieu am Berg darin, dass Besucher hier noch immer „mit Hackenschlagen, Armhochreißen und ‚Heil Hitler' begrüßt würden.[277]

Zur selben Zeit liefen in den Ministerien Planspiele zu einer ideologisch passgerechten Verwandlung des Denkmals. Die Vorschläge reichten von völliger Einebnung eines Monuments, das „die Lieblichkeit der Landschaft" zerstöre, bis hin zu gänzlich neuen Formen. So sollte der reitende Kaiser einem „Arbeiter, am besten ein[em] Schmied", weichen, der sich „mit beiden Händen auf einen Schmiedehammer" stützte, so wie Tannenbergs Hindenburg und Hamburgs Bismarck auf ihr Schwert. Eine andere Idee ging dahin, den gesamten Kyffhäuserturm durch die überdimensionale Plastik eines Ruhrkumpels und einer Bauersfrau aus der Mark mit Hammer und Sichel zu ersetzen.[278] Sie orientierte sich ästhetisch am stalinistischen Neoklassizismus. Vorbild war „Arbeiter und Kolchosbäuerin" von Vera Muchina aus dem Jahr 1937. Das riesige Heldenpaar hatte es als monumentale Illustration der „demokratischsten aller Verfassungen" bis in die sozialistischen Schulbücher geschafft.[279] Mit der Zementierung der deutschen Teilung erübrigte sich der Plan. In der DDR beneideten die Industriearbeiter die LPG-Bauern um mancherlei Vor- und Sonderrechte. Wirkliche Solidarität zwischen Stadt und Land hatte es außer in der Propaganda nie gegeben. Bereits in der russischen Revolution war das Bündnis Illusion geblieben. Der Kriegskommunismus nahm den Bauern alles, und nach dem Attentat auf Lenin durch Fanny Kaplan, einer Sozialrevolutionärin, begann der *Rote Terror*. Schließlich gab es noch die Variante, wonach dem Kyffhäuser, anstatt der Reichskrone, eine gigantische DDR-Fahne aufgepflanzt werden sollte. Damit wäre aber, kundige Ideologen erkannten das sofort, ein Anspruch der jungen DDR auf alle Gebiete des Reiches in den Grenzen von 1913 verbunden gewesen. Etwas zu viel des Guten und für das *kleine Preußen*, das als Deutsche Demokratische Republik auf der politischen Weltkarte übriggeblieben war.[280]

Vehement hatte zuletzt noch das Volksbildungsministerium für eine Verschrottung des gesamten Denkmals plädiert. Wäre die Anlage damals zerstört oder wie geplant verwandelt worden, hätte wohl nur Hindenburgs Standbild im Kies des Berges überlebt. Der ökonomische Aufwand wäre aber zu groß gewesen, sodass Sprengung und Demontage schon aus diesem Grund unterblieben. Nach Einverständnis der Russen zog Otto Grotewohl Anfang 1951 ohne weitere Begründung den Schlussstrich: „Eine Verschrottung des Kyffhäuser-Denkmals kommt zurzeit nicht in Betracht."[281] Entlegeneres, wie der Kaiserobelisk und die Statue des Corpsstudenten „Jung-Bismarck“ auf der Rudelsburg nahe Naumburg, wurde zur selben Zeit ohne Aufheben und Auftrag durch radikale FDJler zerstört. Das polykratische Chaos innerhalb der mit Erhalt oder Abriss befassten Stellen wird zuletzt am Verteiler der Botschaft Grotewohls deutlich: Das Schreiben des Ministerpräsidenten ging in Durchschlägen an die Ministerien für Handel- und Materialversorgung, Industrie und Aufbau, Finanzen, Volksbildung sowie an den Minister des Inneren. Der Thüringer Ministerpräsident Werner Eggerath wurde persönlich in Kenntnis gesetzt.[282] In der Zentrale ging man, so scheint es, auf Nummer sicher. Grotewohl war ein alter Sozialdemokrat und als Mann der Arbeiterbildungsvereine in kulturpolitischen Fragen etwas reflektierter als viele seiner kommunistischen Kollegen. Befehl und Gehorsam galten dennoch, wenn es wichtig wurde, so wie auch in Hindenburgs Welt. Bei Oswald Spengler wären dieser und Grotewohl daher wohl Teil eines „preußischen Sozialismus“ im Kontext tragischer Geschichte gewesen.[283]

Nachdem die anfängliche Zerstörungswut verebbt war, sollte der unliebsame Mörtel der Jahrhunderte wenigstens noch mit neuen Inschriften versehen und so dem *sozialistischen Erbe* eingemeindet werden.[284] Geschichtspolitisch schwankten die Umwidmungsversuche zwischen Botschaften der „Wiedervereinigung“ und einer erzieherisch nützlichen Materie zur „Auseinandersetzung mit der Vergangenheit“ im Sinne aktiver Parteinahme gegen „reaktionäre Traditionen“.[285] Aus der Kuppelhalle entfernt wurden die Regimentsfahnen aus den Kriegen von 1813 und 1870/71, die Büsten Moltkes, Bismarcks und des Kronprinzen Friedrich. Hitlers Kopf war bereits mit den amerikanischen GIs verschwunden. Nicht mehr haltbar war auch die Inschrift „Für Kaiser und Reich“. Sie sollte eigentlich durch die frohe Botschaft „Für Einheit und Frieden" ersetzt werden, was sich aber wiederum durch die deutsche Teilung erledigte. „Den Opfern des Faschismus", wie für die Berliner Neue Wache verfügt,[286] kam schon gar nicht in Frage. Am Ende standen nur noch „Wilhelm I." nebst Zusätzen sowie ein paar in Stein gehauene eiserne Kreuze zur Debatte. Aber selbst dafür fehlte das Geld. Auch weltanschaulichem Rigorismus sind ökonomische Grenzen gesetzt. Die vom VEB-Bauhof Bad Frankenhausen für die Bereinigung veranschlagten 4.600 Mark wollten weder die Ministerien in Weimar noch in Berlin aufbringen.[287] So blieb am Postament unter dem Reiterstandbild „Wilhelm I." stehen. Entfernt wurde lediglich der Rest der originalen Inschrift: „Dem Begründer des Reiches / Die deutschen Krieger".

Eine sozialistische Richtung gab dem Formenarsenal 1968 das Bronzerelief des Hallenser Bildhauers Martin Wetzel „Leben am Kyffhäuser". Im Eingangsbereich der Turmhalle angebracht, entsprach es dem marxistischen Fortschrittsdenken, das den Aufstieg aus dunkelsten feudalen Zeiten hinauf zu einer strahlenden sozialistischen Gegenwart proklamierte. Ein übliches heroisch-utopisches Großformat, das niemanden interessierte. Im Halbdunkel der Halle ist es heute noch zu besichtigen. Im Zentrum der Geschichte stehen werktätige Arbeiter und Bauern der Region, die gegen wechselnde Peiniger aufbegehren und am Ende selbst zu den Bestimmern werden. Der Zyklus war ursprünglich untermalt von der bald unpopulären Zeile der DDR-Hymne Johannes R. Bechers: „Deutschland einig Vaterland". Ende der 1970er-Jahre wurde eine Seitenkammer der Halle mit Requisiten der Nationalen Volksarmee bestückt, unmittelbar neben wilhelminischen Uniformen, einigen Fahnen und Eisernen Kreuzen. Kaiserlicher und sozialistischer Militarismus nebeneinander. Die Schulklassen, die den Ort besuchten, konnten schon mal die Dienstgrade lernen. Ein Leutnant der NVA war zwar kein *preußischer Leutnant* mehr, aber immer noch wer.

„Erbe und Tradition“ hieß inzwischen die Zauberformel der marxistischen Geschichtswissenschaft. Es ging um erklärte neue Bemühungen, die „verschiedenen Bereiche der geschichtlichen Vergangenheit tiefgründiger, ausgewogener, differenzierter zu erschließen“.[288] Ein bisschen mehr Legitimation und ein bisschen weniger staatsoffizielle *cancel culture* unpassender Geschichte. Die Kyffhäuser-Besucher von 1980 sahen indes, wie die von 1900 oder 1939, von Hindenburgs kurzer Anwesenheit und halber Wiederkehr einmal abgesehen, immer dasselbe. Das Formenarsenal und die Ikonografie des politischen Totenmals zeigten sich hier wie anderswo „unbeschadet der geschichtlichen Ereignisse quer durch die Zeiten hindurch vergleichsweise stabil“.[289] Nur verstanden die Leute nach und nach immer weniger. Unterhalb wechselnder ideologischer Deutungsvorgaben blieben die „siegenden oder sterbenden Krieger“, die immer wieder aufstehen, als helfende „Götter, Engel oder Heilige“. Die Symbolisierungen und Allegorisierungen mit mythisch aufgeladenen Tieren und Fabelwesen waren verewigt in einer Welt von Waffen. Traditionelle Kriegszeichen „von der Pyramide über den Obelisken zum Triumphbogen“ sowie biblische oder antike „Pathosformeln und Zitate“ blieben weiterhin sichtbar.[290] Das alles war auch im real existierenden Sozialismus noch da, verkam aber nolens volens, wurde zur *Sinngebung des Sinnlosen*[291]. Der Volksmund kreierte seine eigenen, subversiven Geschichten zu den Artefakten des vermeintlich Überlebten. Als das Rauch'sche Reiterdenkmal Friedrichs des Großen von 1851 – seit dem Zweiten Weltkrieg in einem Schuppen von Sanssouci eingelagert – im Jahr 1980 wieder *Unter den Linden* aufgestellt wurde, hatte das zwar wenig Sozialistisches, ließ sich aber auf gegenwärtige Missverhältnisse beziehen. So wollten die Berliner ihren *Alten Fritzen* sogleich wieder vom Ross holen, damit der im sozialistischen Preußen Ordnung schaffe, so wie Barbarossa in den Ebenen unter dem Kyffhäuser. Man witzelte:

> „Lieber Friedrich,
> steig hernieder und regiere Preußen wieder!
> Lass in diesen schweren Zeiten
> lieber unsern Erich reiten!"[292]

Am Kyffhäuser-Denkmal hatte es noch kleinere Eingriffe gegeben. So war die Urne mit der Asche des Architekten Bruno Schmitz, die seit 1917 in der Kuppelhalle stand, Anfang der 1960er-Jahre entfernt und in einem Keller deponiert worden. Die Stele mit Schmitz' Namen verschwand im Gestrüpp des Berghanges. In die leere Sandsteinschatulle kamen Blumen. Irgendwann tauchten Angehörige aus Düsseldorf auf und vermissten die sterblichen Überreste ihres Vorfahren. Offizielle Anfragen aus der Bundesrepublik wurden immer ernst genommen. Die Sache musste vom Tisch ohne großes Medienaufheben. Durch eine abenteuerliche Transaktion mit Schalck-Golodkowskis KOKO kam die Urne des Baumeisters zurück in den Westen.[293] Wichtiger als derlei ikonografische Kosmetik und Entsorgungen gegen Valuta war 1977 die Einführung des Faches „Wehrkunde" in den DDR-Schulen – mit Wehrlagern und Schießübungen auf Luftballons, Sturmbahnläufen, Handgranatenwerfen, simulierten Gasangriffen. Exkursionen zum Kyffhäuser gehörten zum vormilitärischen Pensum, und es trafen sich hierbei regelmäßig Soldaten der Frankenhäuser Garnison mit Schulklassen aus Frankenhausen, Mühlhausen und Erfurt. Die Panzertruppe zog bei den Jungs, und manche Mutter erschrak, wenn ihr Sohn nach einem solchen Wandertag nach Hause kam und Offizier werden wollte.

Ich denke mir das Kyffhäuserplateau in seiner gigantischen Olympiafassung von 1898 als eine Freilichtbühne: Im Stadion unter den Mauern des Denkmals läuft eine Dauerschleife – von Wagners *Götterdämmerung* und *Preußens Gloria* über das *Florian Geyer-* und *Horst-Wessel-Lied* bis hin zum *Präsentiermarsch der NVA*. Kein sportlicher Wettkampf, nur ewige Wachablösung der Truppe, die dahinzieht unter düsterem Himmel gegen noch düstere Feinde. Krieg und Frieden gehen nur gerüstet. Die passende Philosophie findet sich bei Wilhelm Busch. Igel zum Fuchs: „Lass dir erst deine Zähne brechen, dann wollen wir uns weitersprechen." Das war der wunderbar *bewaffnete Friede*. Buschs vormalige Apologie preußisch-deutscher Stärke blieb noch für die DDR eine willkommene Hochrüstungsrechtfertigung. Nietzsche hatte einen anderen Weg zu einem *wirklichen* Frieden vorgeschlagen. Entgegen der Lehre von den Armeen als „Mittel der Notwehr" hoffte er auf den Tag, an welchem ein Volk,

> „durch Kriege und Siege, durch die höchste Ausbildung der militärischen Ordnung und Intelligenz ausgezeichnet und gewöhnt, diesen Dingen die schwersten Opfer zu bringen, freiwillig ausruft: ‚*wir zerbrechen das Schwert*' – und sein gesamtes Heerwesen bis in seine letzten Fundamente zertrümmert. *Sich wehrlos machen, während man der Wehrhafteste war*, aus einer *Höhe* der Empfindung heraus, – das ist das Mittel zum *wirklichen* Frieden."[294]

Der Radikalpazifismus funktionierte weder auf dem Berg noch sonst irgendwo in der Welt. Und so marschieren die Regimenter weiter. Halten wir den Film kurz an. *Stillgestanden* in Frieden, für einen Moment wenigstens, damit alle zusammen, die Generäle und Politiker, die Soldaten und die Schulkinder, die melancholische Weise des Thüringer Kindergärtners Friedrich Fröbel vom armen, kranken *Häschen in der Grube* singen können:

„Häschen in der Grube
saß und schlief, saß und schlief,
armes Häschen, bist du krank,
dass du nicht mehr hüpfen kannst?
Häschen hüpf, Häschen hüpf,
Häschen hat sich ausgehüpft …"

Es hat sich ausgehüpft mit dem Häschen und auch mit dem Generalfeldmarschall Paul Ludwig Hans Anton von Beneckendorff und von Hindenburg. Aus der Szene lassen wir ihn zuletzt entschwinden ins Tal. Die Grube schließt sich. Versonnen stapft er durch den Schnee hinab zur Kaiserpfalz nach Tilleda und summt, was sonst, sein eigenes Liedchen, die *Wacht am Rhein*. Ein Bild wie von Caspar David Friedrich gemalt. Der Kaiser grüßt reitend von oben.

„Jetzt gräbt der Wessi auch noch unseren Hindenburg aus ...“

„Die Zahl der deutschen Kriegerdenkmäler zur Zahl der deutschen Heine-Denkmäler verhält sich hierzulande wie die Macht zum Geist.“
Kurt Tucholsky

Nachdem die Urenkel der „asiatischen Mordbrenner“, wie die Russen in der wilhelminischen Propaganda von 1914 hießen,[295] ein zweites Mal aus Deutschland abgezogen waren, feierte der „Held von Tannenberg“ Wiederauferstehung. Am Kyffhäuser beriefen sich die Anhänger erneut auf den Russenschreck. Sogar ließ sich eine Spur „Antifaschismus“ beim „preußischen Militaristen“ ausmachen, weil er den „böhmischen Gefreiten“ nicht gemocht und das Achsen-Bündnis mit Mussolinis Italien für falsch gehalten hatte. Dass dem 1914 freiwillig aus dem Ruhestand in die Armee zurückgekehrte General der Erste Weltkrieg „wie eine Badekur“ bekommen war, störte wenig, ebenso wenig das zu DDR-Zeiten gebetsmühlenartig wiederholte kommunistische Wahlkampfmotto von 1932: „Wer Hindenburg wählt, wählt Hitler ...“ Da nur Thälmann die Alternative war, hatten die allermeisten dann doch mit Hindenburg vorliebgenommen, auch viele Sozialdemokraten.

Mit dem Schulprojekt von 1992 war die Geschichte nicht zu Ende. Zwölf Jahre später griff Paul Breul zum Spaten, ein Dachdeckermeister, zugezogen aus dem westfälischen Remscheid, inzwischen Wirt des Kyffhäuserhotels. Der Marschallpräsident ruhte jetzt im Grund

und Boden des Gastronomen. Man hatte Breul vieles geflüstert zum zweiten Berggeist. Also suchte er nach dem Authentischen. Breuls „Griff zum Spaten“ erinnert sinnbildlich an Formen laienhaft-dilettantischer Geschichtsaneignung, nicht selten vorangetrieben im Widerspruch zu Politik und akademischer Wissenschaft. Heinrich Schliemann hatte das in Troja vorgemacht und die professionelle Altertumswissenschaft jahrzehntelang mit dem Spaten vor den Kopf geschlagen. Sogar die internationale Politik hatte er in Aufregung versetzt. Wenn man Großes mit Kleinem vergleichen darf, kam am Kyffhäuser, genau wie auf dem Hügel Hisarlik, alles zusammen: illegale Raubgräberei, unsachgemäße Behandlung der Objekte, reißerische Öffentlichkeitsarbeit. Nur hatte Schliemann mehr Geld als der Kyffhäuserwirt und war wohl auch der bessere Netzwerker. Breul grub und fand Hindenburg dort, wo ihn schon die Frankenhäuser Pennäler vermutet hatten. Lange dauerte es nicht, bis sein Spaten auf den harten Porphyr traf. Freigeschaufelt erschien der alte Recke wie Thomas Wolfes typischer „Hunnenkopf“ und Quadratschädel mit Specknacken.[296] In meinem Bildergedächtnis tauchte bei der ersten Begegnung unvermittelt Stalin auf, zurückzuführen wohl auf eine verinnerlichte Augenschulung mit Blick nach Osten. Alles greift notwendig ineinander. Die schwarzen und die goldenen Legenden der Weltgeschichte gehen nur nebeneinander und gegeneinander. Bismarck, den man gelegentlich auch zu erkennen meint, führt zu Hindenburg und der wiederum zu Hitler. Und Hitler musste sein, damit Stalin ihm das Genick brechen konnte. Hegelsche Geschäftsgänge der *Geschäftsführer*. Gewisse Ähnlichkeiten gibt es doch: das Barhäuptige, schlicht Soldatische, die Denkerpose, der Schnauzbart. Nur war es mit Stalins Absturz schneller gegangen: 1953 noch als der „geniale Führer der kommunistischen Welt“ und „des Sowjetvolkes großer Ernteleiter“ (Brecht) wie Lenin einbalsamiert, warf ihn Chruschtschow drei Jahre später wieder aus dem Mausoleum. „Es stinkt nach Stalins Leiche", soll er zum inzwischen „verdienten Massenmörder des Volkes" (auch Brecht)[297] gesagt haben. Als Hindenburg unter den Jubelrufen Tausender Anhänger in Hamburg einmal der Ruf „Massenmörder" entgegenschlug, fragten seine Begleiter, ob man nicht gegen die Schreihälse vorgehen solle. Der winkte nur ab: Das sei Ansichtssache.[298]

Der eigentliche Witz an der Kyffhäusergrabung von 2004 war nun aber, dass Breul seinen Hindenburg unter den Fundamenten eines Ferienbungalows freilegte, den das Ministerium für Staatssicherheit als „Landsitz Thomas Müntzer" in den 1970er-Jahren hatte errichten lassen. Bei den damaligen Bauarbeiten dürfte der Marschall kurz die Sonne und die Arbeiter ihn gesehen haben. Fundament und Bungalow deckten dann alles rasch wieder zu. Es ging bei der Anlage über der steinernen Mumie, wie man sich denken kann, nicht nur um Erholung. Irgendwas gab es immer zu vermelden, auch zu Urlaubszeiten. Auf dem Berg beobachtete man die „ewig gestrigen" Anhänger und Pilger des Kyffhäuserbundes. Zumeist kamen die am *Tag der Deutschen Einheit* (damals 17. Juni) – westdeutsche Paramilitärs, Postfaschisten und Neonazis in der Wahrnehmung der Behörde. Seit Eröffnung des kleinen Grenzverkehrs trudelten die betagten wie betuchten Herren immer öfter in Frankenhausen und Kelbra ein und füllten die wenigen Hotels. Die „westlichen Umarmungen" wurden nicht nur seitens des Ministeriums als zudringlich empfunden. Auch Werner Tübke und die Köpfe der *Leipziger Schule* hatten sich in Kunstfragen jede „Einmischung und Vereinnahmung durch den Westen" verbeten.[299] Dem Staatssicherheitsdienst war der „Kyffhäuserbund e. V., 6200 Wiesbaden, Taunusstraße 63" das Epizentrum des Bösen.[300] Man sammelte Material zu dessen Geschichte und Gegenwart. Auch die marxistische Geschichtswissenschaft wandte sich dem Kyffhäuserbund als konservativem bürgerlichen Verband zu.[301] 1984 schlug die Arterner Kreisdienststelle der Staatssicherheit Alarm, weil laut Arbeitsgruppe „Terror und Spionageabwehr" zur „vorbeugenden Verhinderung des Missbrauchs des Kyffhäuserdenkmals durch neonazistisch-terroristische Kräfte" im Zuge vermehrten Einreiseverkehrs der Verdacht bestand, „dass das Kyffhäuserdenkmal als sogenannter ‚Wallfahrtsort' [...] missbraucht wird. Durch den Leiter der Kreisdienststelle Artern [...] wurde dazu ausgeführt, dass der ‚Kyffhäuserbund', der eine rechtsextremistische Vereinigung darstellt, besonders vor 1945 eine ausgesprochene faschistische Traditionspflege betrieb und fast alle Führungsgrößen des nationalsozialistischen Deutschlands das Denkmal besucht haben sollen. Gegenwärtig sollen im Operationsgebiet [Bundesrepublik] ca. 2 Millionen Sympathisanten des ‚Kyffhäuserbundes' existieren. Im Rahmen des grenznahen Einreiseverkehrs gibt es jährlich rund 22.000 Einreisen von Personen aus dem OG in den Verantwortungsbereich der KD Artern [...]."[302]

Eine Untergrundarmee von Feinden schien da aufzumarschieren. Ihre Gebrechlichkeit machte die Sache nicht weniger schlimm. Dagegen probte von Zeit zu Zeit das Frankenhäuser Motschützenregiment den Ernstfall. Dann rollten um Mitternacht die Panzer mit scharfer Munition vom Kyffhäuser in Richtung Grenze. Irgendwann wurde „falscher Alarm" geblasen, und es ging zurück in die Kasernen. Man testete den Geist der Truppe gemäß Regimentslogo mit Panzerkommando vor Bauernkriegspanorama. Trotz Verbindungen zu aktiven Soldaten-, Vertriebenen- und vaterländischen Jugendverbänden der Bundesrepublik waren die Kyffhäusertouristen *West* keine militärische Bedrohung. Dafür stellten sie aber die

Ideologie einer sozialistischen Nation am Berg in Frage. Der Identitätsklau war real, und Freunde Ostberlins waren die meisten gewiss nicht. Der Kyffhäuser aber gehörte ihnen wie allen Deutschen und nicht einer „Sowjetzone", deren ganze Idee die Bundesbrüder als von außen oktroyiert ablehnten. Das wusste die Abwehr. So legten die Genossen vor Ort gezielt Dossiers zu einzelnen Personen sowie den Landesverbänden von Schleswig bis Bayern an. Auch setzte man „erfahrene IM" zur Reisegruppenbetreuung *West* ein.[303] Die Propaganda malte den An- und Aufmarsch des Klassenfeindes in Schwarzbraun an die Wand. Speerspitze des „faulenden und parasitären Kapitalismus", der allerdings gut gekleidet war und große Autos fuhr. Lenins gebetsmühlenartig wiederholte Formel hatten sich dennoch viele gemerkt: „Der Imperialismus ist ein besonderes historisches Stadium des Kapitalismus. Diese Besonderheit ist eine dreifache: der Imperialismus ist: 1. monopolistischer Kapitalismus; 2. parasitärer oder faulender Kapitalismus; 3. sterbender Kapitalismus."[304] Er starb nur ziemlich langsam. Im Staatsbürgerkundeunterricht hörten wir von der *Wehrsportgruppe Hoffmann* als besonders aggressiven Auswurf des *Klassenfeindes*. Die Bilder der bärtigen Männer in Kakiuniformen, die Karl-Eduard von Schnitzler im *Schwarzen Kanal* präsentierte, belustigten eher, als dass sie Fürchten lehrten. Eine kuriose *Kampfgruppe*-West. Ihr Gründer tauchte nach 1990 allerdings sehr real und wenig kurios in Kahla nahe Jena auf. Während ich dort Woche für Woche Fußball spielte, bildete Hoffmann unter der Leuchtenburg eine Keimzelle neonazistischer Untergrundarbeit, die in die neue rechte Szene ausstrahlte. Man kriegt so einiges nicht mit.

In den 1980ern war die Stasi noch wachsam, auch wenn sich die Kyffhäusertouristen politisch ungefährlich bis harmlos erwiesen.

Zumeist reisten die Mitglieder des Bundes mit ihren Frauen an und besichtigten das Denkmal ohne demonstrative Traditionsbekundungen. Manchmal blieb ein Kranz liegen, der aber schnell wieder weg war. Die Wirte am Berg lebten gut. War der tägliche „Mindestumtausch" von 25 Mark der DDR aufgebraucht, floss das Westgeld. Auch wenn gelegentlich ein ortsansässiger Angehöriger der *Kampfgruppen* der Arbeiterklasse wegen Kontakten zu einem Mitglied des Kyffhäuserbundes auffällig wurde: Die befürchteten deutsch-deutschen Verbrüderungen blieben aus oder unter dem Radar der Spionageabwehr, die hinter den Gardinen ihrer Bungalows über dem verbuddelten Hindenburg wachte. Man sah Gespenster, die drohten und hereinwollten, um den Sozialismus zu verhexen und den Leuten ihre abgeschirmte heile Welt madig zu machen. Da diese aber weder auf dem Kyffhäuser noch unten in der Aue wirklich heil war, weckten die Gäste aus der anderen Welt weniger mit dem falschen Geschichtsbild als vielmehr mit ihrem Wohlstand und ihrer Freizügigkeit Begehrlichkeiten und Fernweh bei den Einheimischen. Der *VEB-Barbarossa* und Tübkes Rundgemälde waren nicht zuletzt auch dafür da, diese Stimmungen zu kompensieren. Aufkommender *West-Sucht* suchte man mit einer Geschichte im sozialistischen Traditionsmantel zu begegnen. Das *kleine* Preußen hatte historisch so Einiges zu bieten, und dem DDR-Völkchen vermeintlich Großes, Eigenes in einem höchst beschränkten Gesichtsfeld vorzusetzen, war erklärtes Ziel der SED-Kulturpolitik. Der sozialistische Geschichtsbarock sollte auch „minderbegünstigte Geschlechter und Bevölkerungen an ihre Heimat und Heimatsitte" anknüpfen, sesshaft machen und davon abhalten, „nach dem Besseren in der Fremde herumzuschweifen".[305] Nebenbei gefiel der sozialistische Geschichtsanstrich gerade Gästen aus der Bundesrepublik wiederum nicht übel.

Hinter „Thomas Müntzer", dessen Namen zwischen Südharz und Mansfelder Land nicht nur der Stasi-Landsitz auf dem Kyffhäuser trug, steckte eine Idee. Als rebellischer Urkommunist und radikaler Prediger gegen die Herren stand er symbolisch Wache an der inneren und äußeren Front. Müntzer war überall: auf Geldscheinen und Gedenkmünzen, als Namenspatron von Städten, Schulen, LPGs, Kasernen. Es war mit ihm fast so wie mit der *Hindenburgfabrik* 1917. Den von Luther verratenen und verunglimpften Bauernführer[306] verehren die Leute hier bis heute. Er verhieß immer ein Fünkchen Hoffnung für die Erniedrigten und Beleidigten auf den Äckern und an den Werkbänken der volkseigenen Knopffabriken. Müntzer war nie bloße Bestätigung der Politik Ulbrichts oder Honeckers. Werner Tübke hatte den tragischen Helden ins Zentrum seines Gemäldes gestellt, in kapitulierender Haltung zwar, was subversiv war, aber in die Mitte des epochalen Geschehens. Obgleich ihn der Maler nach eigenen Aussagen nicht verstand, war er doch dessen Lieblingsgestalt in der Geschichte.[307] Zuletzt kämpften die Kalikumpel im nahegelegenen „Müntzer-Schacht" von Bischofferode gegen Treuhand und Abwicklung. Ihr spektakulärer Hungerstreik blieb so vergeblich wie Müntzers Aufstand. Auch sie mussten die Fahne sinken lassen. Eine irgendwie konstruktive Verbindung Müntzers zu Kohls Bundesrepublik verbot sich daher nicht nur für die arbeitslos Gewordenen. Und das blieb so. Achselzucken im Westen,[308] wo Müntzer inzwischen zum ideologischen Arsenal gefühlter ostdeutscher Abweichungen von der freiheitlich-demokratischen Grundordnung gerechnet wird. Der Prediger selbst blieb immer der Held der kleinen Verlierer. Auch in Tübkes trauriger Pose war er das noch, nur war daran nichts Heroisches, nichts politisch Aufforderndes mehr.

Die Akten des Ministeriums für Staatssicherheit zum Ferienheim auf dem Berg verweisen auf hohe Kosten bei wenig Urlaubern. Die

Genossen wollten lieber an die Ostsee fahren. Dennoch wurde nach und nach kräftig erweitert. Bungalows, Bibliothek, Sauna, Sportraum, Garagen entstanden. Die Straße zum Denkmal wurde verlegt. Vor Ort arbeiteten in den Knopfwerken beschäftigte Häftlinge, Kohlekumpel aus Mansfeld, Handwerker aus Artern. Die NVA besorgte den Straßenbau. Erwogen wurde zwischenzeitlich auch, die Anlage für Heilkuren zu nutzen. Aber der Service blieb schlecht. In den Akten finden sich diverse Beschwerden. So werden Niveaulosigkeit, Unfreundlichkeit und Alkoholismus im Dienst beklagt. Auch differenziere das Personal kaum zwischen den Urlaubern, was dazu führte, „dass zum Beispiel ein Oberst genauso behandelt wird, wie ein Oberleutnant". Das Essen sei „eintönig und lieblos", Kaffee und Kuchen gebe es nur auf Voranmeldung, die Betreuungsangebote seien insgesamt mau. Selbst die „Diskothek kommt nicht an, weil der Koch dafür nicht geeignet ist".[309] Namenspatron Müntzer stand als rebellischer Urkommunist und ökologischer Revolutionär ohnehin gegen Konsum und für Askese: „Wollt ihr nur selig werden, so müsst ihr auch die Abgötter in Häusern und Kasten, sonderlich das schöne zinnerne Geschirr von den Wänden, Kleinod, Silberwerk und bar Geld aus den Kasten wegtun; denn dieweil ihr das liebt, wird der Geist Gottes nicht bei euch wohnen."[310] Aber wer wollte schon etwas hören vom „Kommunismus ohne Wachstum"[311]. Zur Einweihung eines neuen Stasi-Appartements gab es im September 1979 eine kleine Feier. Auf dem Foto sieht man die Genossen um einen Kartentisch stehen. Man beäugt einen Lageplan.[312] Vielleicht war es der von 1939? „Und da stand ja der Hindenburg!" – „Und wo ist er hin?" – „Egal. Prost."

In den 1980ern kamen öfter Delegationen befreundeter Staatssicherheitsdienste aus den *Bruderländern* auf den Berg. Da war mehr los. Bei den Jemenitern und Angolanern waren die Getränkerechnungen besonders hoch. Die Kubaner tranken mehr als die Russen. Wodka war in Moskau, seit Andropow die Produktion stark eingeschränkt hatte, teuer geworden. Dass Gorbatschow diese Einschränkungen zum Verbot ausweiten wollte, war für Ostberlin ein Grund mehr, nicht neu zu tapezieren. Die Revolution ließ sich auch durch Abstinenz nicht mehr retten. Jerofejews Kultbuch „Reise nach Petuschki" kursierte seit den 1970er-Jahren im osteuropäischen Untergrund. These: Der ganze *Rote Oktober* gehe auf ein allgemeines Besäufnis zurück. Der Kommunismus sei nichts anderes als eine Geburt aus dem Geiste des Wodkas. Lange war's her. Die Leiterin des Kyffhäuser-Landsitzes, eine Frau Oberleutnant, gab sich viel Mühe mit den Geschenken – Honeckers *Mein Leben* gehörte immer dazu – und dem kulturellen Rahmenprogramm für ihre Gäste: Neben dem Besuch des Kyffhäuserdenkmals und der Barbarossahöhle gab es Kutschfahrten und Wanderungen in umliegende Jagdhütten mit Hornblasen und Wildabschüssen. Harzrundfahrten führten bis an die innerdeutsche Grenze. Zum festen Pensum gehörten Besuche der Landwirtschaftlichen Produktionsgenossenschaften ‚LENIN' im nahe gelegenen Ringleben und ‚Thomas Müntzer' in Frankenhausen. Hinzu kamen Ausflüge nach Buchenwald und zu den Goethe-Gedenkstätten Weimars, Dampferfahrten auf der Saale, Einkaufstouren nach Halle.[313] Alles war so minutiös durchgeplant wie die Kyffhäuserbesuche Hindenburgs in den 1920ern und die Denkmalweihe von 1939. Preußische Ordnung am Berg. In den Berichten findet sich der Hinweis, dass es im Weltfriedenskampf nichts umsonst gebe und die „Verteidigung des Sozialismus fortwährender Mühe und Selbstaufopferung" bedürfe, gerade in der Kultur. In der unsicheren Gorbatschow-Ära wollte man wenigstens noch Muster- und Motivationsland für afrikanische, asiatische und mittelamerikanische Kommunisten bleiben. Aus Sicht der Honecker-Nomenklatura war das – mit oder ohne viel Wodka – naheliegend, denn westlich vom Kyffhäuser begann immer noch das Sperrgebiet und die Etappe der Hauptkampflinie im Kalten Krieg. Bei Jerofejew wusste jeder sowjetische Grenzsoldat, dass der Schlagbaum, den er bewachte, „keine Fiktion und kein Symbol ist, weil nämlich auf der einen Seite russisch gesprochen und mehr getrunken wird, und auf der anderen weniger getrunken und nicht russisch gesprochen wird".[314]

Die Stasi ist lange weg, die Terrasse, unter der Hindenburgs Denkmal begraben lag, inzwischen auch. Nur die Stiefel des Marschalls stecken noch in den Fundamenten des Ferienbungalows. „Stasibeton hält Hindenburg fest!" Wenn das nicht *List der Vernunft* ist und eine schöne Schlagzeile sowieso. Der Weltgeist lässt seinen gefallenen Helden nicht los. Neben der Grube stand bis eben noch die übermannsgroße Flasche *Schierker Feuerstein*. Der Schnaps und die Thüringer Bratwurst gehören dem Osten und der preußische Marschall auch. Fast wäre der tatsächlich zurückgekommen, mit der deutschen Einheit wieder *auferstanden aus Ruinen*. Es fehlte nur ein knapper Meter. Der mit 176 Metern tiefste Bergbrunnen der Welt aus dem zwölften Jahrhundert ist noch ein Highlight des Berges. Grabungen während der NS-Zeit hatten ihn freigelegt.[315] Zuständig war der Kyffhäuserbund, der auf dem Berg unter Aufsicht des Obergruppenführers Reinhard durch den Reichsarbeitsdienst Ahnenarchäologie betreiben ließ. Wissenschaftlich betreut wurde das Projekt vom Jenaer Ur- und Frühhistoriker Gotthard Neumann, einem Experten, dessen Interpretationen der politisch gewünschten Germanomanie allerdings entgegenliefen.[316] Um Zwölfhundert gab es weder Germanen noch Deutsche. Aber ganz unten hausten nun einmal die Zwerge und alle Berggeister mit ihrem Barbarossa, der nach Heinrich Heine besser dableiben sollte:

„… du bist
Ein altes Fabelwesen,
Geh', leg' dich schlafen, wir werden uns
Auch ohne dich erlösen."

Erlösung gab es weder für Heine noch für irgendwen sonst, nicht mit dem Rotbart und auch nicht mit Hindenburg. „Jetzt gräbt der Wessi auch noch unseren Hindenburg aus", schimpften derweil die Bad Frankenhäuser im Tal. Der Satz hat Untiefen, ist Vorwurf und Selbstkritik zugleich. „Das hätten wir doch auch machen können." Oder: „Der traut sich was, unseren Marschall freizulegen." Die alten Herren der wiedergegründeten Ortsgruppe des Kyffhäuserbundes, darunter wissenschaftlich geschulte Grabungsassistenten, putzten ihren *Paule* in den ersten Jahren nach 2004 für interessierte Gäste schon mal pikobello blank. Zur Feier im Herbst 1990 waren sie auch mit dabei. 487.000 Besucher weist die Statistik für das Einheitsjahr aus, absoluter Rekord seit 1897.[317] Hindenburg schlief damals noch. Die Stimmung aber war keineswegs entpolitisiert, alles andere als *Retro*. Den SPIEGEL-Korrespondenten wurde es himmelangst angesichts der Soldatenbündler, die zur Heimholung des nationalen Ostens zu Tausenden auf den Berg gezogen waren.[318] Die gerade fertig gestellte Ausstellung befand man kurzerhand für zu DDR-ideologisch, worauf Herbert Gottwald und seine Jenaer Mannen ranmussten. Den nach 1945 enteigneten Besitz forderte der Kyffhäuserbund zurück. Daraus ist nichts geworden, auch nicht aus dem Versuch des wenig später eingegangenen Erfurter *Optima-Büromaschinenwerks* noch kurz nach zwölf ins Grundbuch der Ländereien zu kommen. Der Kyffhäuserkreis blieb Rechtsnachfolger des Denkmals. Am Ende der Feierstunde von 1990 erklang „Nun danket Alle Gott", und die versammelten Fahnen- und Ordensträger sangen das

Deutschlandlied, dritte Strophe. Bei der *Wacht am Rhein* wäre Hindenburg wach geworden. Zuspruch für die Deutschtümelei kam – unfreiwillig komisch – aus Frankreich: Pierre Reuter, Präsident der „Soldats de France", rief enthusiasmiert in die Runde: „Es lebe *die* neue Großdeutschland."[319] Humboldt hatte schon recht: Sprachen sind nicht übersetzbar.

„Wenn wir Landrat wären, stände er längst wieder!", tönen die Enthusiasten des neuen Kyffhäusergeistes, als ich mit Braunschweiger Studenten 2009 erstmals an der Grube stehe. Im Loch wartet Paul Meyer im Blaumann mit Spaten. Der leutselige Hindenburg-Aktivist will sich noch daran erinnern, wie er als Kind auf den Schultern des Denkmals saß.[320] Ganz schön gefährliche Nummer, in fünf Meter Höhe ohne Netz und doppelten Boden. Meyer erzählt von hohen Besuchen nach der Ausgrabung von 2004. Hubertus von Hindenburg, der Enkel, kam öfter und habe ihn darin bestärkt, den Großvater nicht nur als Russenschreck, sondern auch als letztes Bollwerk gegen Hitler zu sehen. Zumindest so lange, bis es eben nicht mehr anders ging. Es gibt auch diese Lesart. Meyer strafft sich, als der Name Günther Behm-Blanke fällt. Er salutiert: „Der alte Herr Professor!" Dem Ur- und Frühhistoriker, zu DDR-Zeiten Weimarer Museumsdirektor und Professor in Jena, hatte er bei zahllosen Grabungen in den bronzezeitlichen Kulthöhlen gleich um die Ecke assistiert. Auch bei der Freilegung der berühmten Moorleichen von Oberdorla war er dabei gewesen. Jetzt ist Hindenburg die steinerne Moorleiche im deutschen Geschichtssumpf. Meyer hat ihm zum 75. Todestag eine Steinplatte mit Kopf-Relief gestiftet, die noch an der Mauer des Stasi-Pavillons klebt. Behm-Blancke war gleich nach 1989 von einem ZDF-Kamerateam besucht und zu seinem berühmten Fund von Oberdorla befragt worden. Zigarre qualmend sah man ihn, wie den *Weisen vom Berg* im Halbdunkel seines Weimarer Museumsbüros: „Nach tagelanger erfolgloser Suche", so erklärte er den irritierten Journalisten theatralisch, „wusste ich mir nicht anders zu helfen, als meinen Spaten gegen den Himmel zu halten und zu rufen: ‚Wotan hilf! Wotan hilf!' Und siehe da, im nächsten Moment stieß ich auf die erste Leiche."[321]

Vielleicht hat Breul ja auch die Götter angerufen. Irgendwann ließ ihm das Gerücht keine Ruhe mehr, und er fing an zu graben, so wie Schliemann in Troja nach dem verschwundenen Schatz. Pfingsten 2004 war es dann so weit: „Ich rammte meinen Spaten in die Erde, auf einmal stieß ich auf etwas Hartes", erzählte er den BILD-Reportern, die schnell am Tatort auftauchten. Nach drei Tagen lag der Koloss frei, bis auf einen Teil der Beine. Am 9. Juni gab es die erste Meldung zur Ausgrabung in der *Sächsischen Zeitung*. Es war der Tag, an dem Hitler 55 Jahre zuvor am Denkmal seinen Kranz niedergelegt hatte. Wer das wohl so schnell wusste? BILD zog die Ossi-Wessi-Karte und machte einen Heimatpfleger in Wallhausen ausfindig, der die Mumie lange vor Breul entdeckt haben wollte. „Zoff am Kyffhäuser" lautete die Schlagzeile, obwohl es in dem Punkt gar keinen gab. Am Berg und in den Dörfern der *Goldenen Aue* hatte man das Denkmal nicht vergessen. Nur war es eben Breul, der es wieder ausgrub. Er hätte ihn einfach aufstellen sollen, sagen manche Einheimische heute. Wenn schon, dann richtig. Mit Kran und ein bisschen schwerem Gerät wäre Hindenburg locker aus dem Beton zu holen gewesen, meint Uwe Meyer, früher Schäfer bei der LPG „Thomas Müntzer" in Frankenhausen. Wozu sonst der ganze Presserummel, fragt er, und die ganzen „BILD-Heinis mit ihrem Wessi-Ossi-Tick"? Den hat man hier selbst. In den Souvenirbuden gibt es preußisch-ostdeutsches Nostalgiekino mit Rock & Roll und vollbusigen Blondinen auf Emaille. Mit seinen Truppen geht Wilhelm II. „durch Not und Tod zum Sieg". Honecker ist der Mann, „der es 40 Jahre geschafft hat, uns die Wessi's vom Halse zu halten". Zehn Euro kostet ein Schild. Meyer ist heute einer der Devotionalienverkäufer am Berg, ein Macher ohne viel Skrupel. Bis zu vier Meter Höhe, so erzählt er, könne man Denkmäler doch aufstellen, ganz ohne Genehmigung. Und wenn er größer ist, dann eben ohne Fundament in einer Grube. So einfach wäre das gewesen und für die Medien dann ein wirklicher Grund zum Berichten. Klaus Thieme, ein Ortschronist, der es genau zu wissen meinte, erzählte der BILD noch etwas der Skandalisierung besonders Dienliches. So hätten Hindenburg nicht etwa die Russen oder gar die Amerikaner erledigt, sondern keine Geringere als Hilde Benjamin, die *blutrote* DDR-Justizministerin und getreue Schülerin Wyschinskis. In einer Art Todesurteil *post mortem* habe sie mit Hindenburg kurzen Prozess gemacht. Eine Geschichte nach Maß, die das zähe DDR-Diktaturgedächtnis[322] bemüht und stalinistisches Unrecht an Denkmal und Person des Feldmarschalls und der ganzen, guten, alten deutschen Tradition beklagt. Der preußische Generalissimus gerichtet von der kommunistischen Kommandeuse. Abgesehen davon, dass Hindenburg Madonnenbilder sammelte,[323] und seine Ehefrau Gertrud geistreich gewesen sein soll, zog den Militär das Weibliche nie sonderlich an. Die Frau ist das Hinterland des Soldaten.

So liegt er nun da, der militärische Reichspräsident, der am Vorabend von 1933 den weimarischen Minimalkonsens auf der Pickelhaube trug, ohne zu ahnen, was auf dem Spiel stand. So liegt er nun da, halb befreit und doch durch die Fußfessel der Stasi-Fundamente festgehalten. Nichts passt zusammen. Am Ende war es gut, dass ihn der Remscheider Breul in der ostdeutschen Provinz ausgrub. Die Medien nahmen die Story so mehr als Posse, denn als anstößiges Politikum. Die latente Unterstellung, durch die Grabung dem Rechtsradikalismus Vorschub zu leisten, wäre wohl dann zum offenen Vorwurf geworden, hätten Jugendliche aus Kelbra oder Frankenhausen den Koloss freigelegt. Dann wären in der *ZEIT* womöglich die dunkeldeutschen Theoreme von der kommunistischen Erziehung und dem befohlenen Einheitstopfsitzen in den Kindergärten aufgerufen worden, denen der Eklat und überhaupt die „ostzonale" Demokratieunfähigkeit zu danken sei. Wirklichkeit und Vorurteil treffen sich hier. Derlei ideologische Zeichensysteme des *Kalten Krieges* und seiner Folgen werden gewiss nicht der Weisheit letzter Schluss sein. Bei Judith Schalansky lese ich den Satz: „Auch wenn nichts ewig hält, so währt doch manches länger als anderes."[324] So banal wie wahr. Tatsache ist, dass meiner Generation – *West* wie *Ost* – diese ideologiekritische Hypersensibilität tief eingewachsen ist, so wie in Wolf Biermanns *Preußischem Ikarus* der „Stacheldraht" „ins Hirn, in graue Zellen". Wo immer es politisch wird, geht es nie allein um die Frage, sondern immer auch um den Fragesteller, um dessen Herkunft und Weltanschauung. Und die ist dann eben mehr oder weniger würdig, auch wenn man es nicht zugeben mag. Erschienen in *Berlin 1980*. Entscheidend ist: Ost oder West? Blasenbildungen des *Kalten Krieges*. Wenn ich heute von *Aktivisten* höre, denke ich an den planübererfüllenden Bergmann Adolf Hennecke und, schlimmer noch, an den die Kollektivierung organisierenden und dabei über Leben und Tod entscheidenden, niemals schlafenden, namenlosen *Aktivisten* aus Platonows *Baugrube*. Der Kyffhäuserberg mit seinem Denkmalaufsatz wird länger dauern als besagte Zeichensysteme. Es ist offen, was künftig darüber erzählt werden wird. Als neuerliche Ruine gedacht, sagen wir in tausend Jahren, würde Hindenburg, bliebe er da, in der Trümmerlandschaft noch auffindbar sein. Ob noch wiedererkennbar für unsere geschichtslosen Nachfahren mit großen Augen und kleinen Mündern? Was wüsste man noch zu erzählen? Wonach ließe sich noch fragen? Eine feinnervige Materialkunde käme gewiss zustande. Porphyr ist ein ökologisch einwandfreier Baustoff.

Im Sommer 2014 treffe ich Paul Breul am Denkmal. Der Wirt ist hier Mädchen für alles, im Hotel und am Grill, im Wald und als Hobbyarchäologe in Sachen Hindenburg. Zehn Jahre nach der Grabungssensation ist alles beim Alten. Der Porphyrheld ruht in seiner Grube. Daneben hat Breul Holzfiguren aufgestellt – eine vom Marschall selbst, dazu eine von Richard von Weizsäcker, eine von Angela Merkel und eine von Barak Obama. An der Mauer dahinter sitzt ein geschnitzter Rotbart auf dem Thron, dem Original in der Grotte der Reichsburg nachgestellt. Große Politik beieinander. Blog eines Bikers vom August 2013: „Seltsame Holzfiguren stehen hier herum. Der Sinn vom Rotbart Barbarossa ist mir ja noch klar, aber was Paul von Hindenburg, die Sekretärin von Helmut Kohl und Bill Clinton hier zu suchen haben, erschließt sich mir nicht.“[325] Zu viel Motoradfahren ist auch nicht gesund. Breul ist hier oben Hotelier, Tischler und Holzschnitzer. Ob er, so wie seine Vorgänger, Kyffhäuserbundmitglied ist,[326] vergesse ich zu fragen. In seinen Holz-Hindenburg können Nägel eingeschlagen werden, wie im Ersten Weltkrieg. Damals wurden die Attrappen des Feldherrn durch deutsche Städte geschoben. Hindenburgprozessionen für eine kleine Spende waren das. Hammer und Nägel lagen auch hier immer griffbereit herum, bis die Leute anfingen, der Bundeskanzlerin das Gesicht zu vernageln. Vis-à-vis lehnt Breuls „Idealbundespräsident Richard von Weizsäcker“ ebenfalls geschnitzt, im blauen Anzug mit schwarzem Schal, locker an einem Baum. Noch ein Adeliger, der Offizier und Staatsmann war. Der Wirt nennt ihn liebevoll „Richi oder King Silberlocke". Weizsäcker sei immerhin der Grund dafür, dass er als Westfale überhaupt hier sein dürfe.

Mit der Gegenüberstellung in Holz bekundete Breul seine Sympathie sowohl für den Altbundespräsidenten als auch für den gewesenen Reichspräsidenten, dessen Macht allerdings entschieden größer war. Jedoch besaß Weizsäcker jene nach Theodor Eschenburgs Wort notwendige persönliche *auctoritas*, die den verfassungsrechtlichen Mangel an *potestas* nach 1949 ausglich.[327] Breul ist inzwischen defensiver geworden, was die Wiederaufstellung betrifft. Die Politik hielt sich nach der Freilegung von 2004 zunächst bedeckt, drohte aber bald mit Sanktionen gegen das abusive Graben. Aus Sicht des Weimarer Denkmalamtes bewegte sich der Wirt „hart an der Grenze zur Ordnungswidrigkeit". „Die hätten ihn doch am liebsten nach Japan verscherbelt", hält Breul dagegen. 50.000 Euro Strafe habe man ihm angedroht, dem *Schliemann vom Kyffhäuser*. Dessen achselzuckender Kommentar von 2014: „Da hätte ich einen Spendenaufruf gemacht" mit Plakat „Hindenburgspende", neben der übermannsgroßen Feuerstein-Flasche. Als infolge des Presserummels nach Bekanntwerden der Ausgrabung ein PDS-Abgeordneter im Thüringer Landtag anfragte, ob man Hindenburg tatsächlich wieder aufstellen wolle, wurde er vom damaligen CDU-Kultusminister Jens Goebel, einem Professor der Mathematik, vertröstet: Hindenburg könne natürlich nicht Angelegenheit irgendeiner Privatperson sein. Das Graben sei illegal und die Sache überhaupt Angelegenheit des Bundes. Man werde den Fall, so der Minister, in Bälde einer kostengünstigen Lösung zuführen. Kostengünstig blieb das Nichtstun der Politik immerhin, deren Kompromisse mit der Moral am Kyffhäuser, so wie anderswo, seither verschämt bis ungeschickt getroffen wurden.[328]

Mit Breuls Ausgrabung beschleunigten sich die Positions- und Perspektivenwechsel am Berg. Die in Bewegung gekommene Erzählzeit verwandelte die erzählte Zeit. „Freund und Feind bitte immer mit Datum!“[329] gilt für die Debatten am Kyffhäuser unbedingt. Tatsächlich überforderte die Ausgrabung den Hotelier wie auch die Politik sowohl moralisch als auch ökonomisch. Breul zeigt mir seine Ordner zum Streit, prallvoll mit Presseartikeln und Behördenschreiben. Am Ende totes Papier zu einem Krebsgang um den unliebsamen Fund und doch eine Dokumentation wert. Die *Thüringer Allgemeine* aus Erfurt ließ am Tun des Hobbyarchäologen wenig Gutes. Eine einzige Blamage vermeintlicher Fachleute, meint der dazu. Pro Hindenburg-Leserbriefe seien da nie veröffentlicht worden, was für die Hofberichterstattung des regierungsnahen Erfurter Blattes spräche.

Mit Hindenburg wurde Breul zum *Barfußhistoriker*. Den Begriff verwandten in der späten Bundesrepublik vorherrschende Sozialhistoriker geringschätzig für eine von unten kommende Alltags- und Lokalgeschichte, deren Motto lautete: „Grabe, wo du stehst!“[330] Breul grub, wo er stand und hingekommen war, nach dem Ende der DDR. Wären die Gymnasiasten 1992 auf die Idee gekommen, hätte das für noch größeres Aufsehen gesorgt. Man stelle sich ein Kommando Vierzehnjähriger vor, mit gelben Westen, Spaten und einem Schild am Grabungsort: Fundstelle „Homo erectus novus – Paul von Hindenburg“. Breul hat zur Sache viel gelesen. Er liebt sein Objekt der Begierde und verteidigt es, gemäß Goethe: „Überhaupt lernt man nur von dem, den man liebt.“[331] Zum „Russenschlächter“ von 1914 meint er: „Damals wäre das kriegsstrategisch wohl normal gewesen, Zehntausende in den Sümpfen sterben zu lassen, heute müsse man das anders, vielleicht kritischer sehen.“ Über Hindenburgs Beziehungen zu Hitler hat Breul seine eigene Position. Er zählt auf, wie oft er diesen verhindert habe, ehe er ihn im Amt des Reichskanzlers bestätigte. Hindenburg-Straßen und -Plätze gebe es im Westen noch viele. Das habe mit den Nazis doch gar nichts zu tun. Tatsache ist, dass ihre Benennung nicht selten mit dem Austausch republikanischer Symbole durch Nazigrößen zusammenfiel. SPD- und sonstige linke Geschichtspolitik, die Hindenburg pauschal verwerfe, sind Breul „ein Grauen". Aber auch den CDU-Landrat – als es um die Grabung ging, mit „mehr Schiss als Vaterlandsliebe" – mag er nicht. Den „blickdichten" Bauzaun, der die Grabungsstelle lange vor neugierigen Augen schützte, habe dieser angeordnet. Von den Einheimischen hat der Wirt noch so Einiges zum Denkmalsturz gehört – wundersame Gerüchte, ja. Die Weltgeschichte ist das „Weltgerücht", meinte Voltaire gegen Schillers „Weltgericht". Als Breul anfing zu suchen, erzählte man ihm, die Statue sei kaputt gemacht und dann, wie eine zerbrochene Voodoo-Puppe, in Teilen den Hang des Berges hinabgestürzt worden. Auch mit Salzsäure habe man ihr nach vergeblichen Sprengungsversuchen beikommen wollen. Alles Unsinn. Vielleicht gab es aber die Weisung des unbekannten russischen Offiziers: „Nicht zerstören, sondern begraben." Bauern aus der Umgebung seien daraufhin auf den Berg befohlen worden, hätten den Koloss mit Seilen an einen Pferdewagen gebunden und umgekippt. Dann habe man die Grube ausgehoben, in die Hindenburg von einem russischen Panzer über eine Schiene hineingeschoben wurde. Irgendwo im Mantel des Marschalls soll es noch Abdrücke von Kettengliedern geben.

In Tannenberg lief es für den siegreichen Verlierer noch schlechter. Sein Ehrenmal wurde im Januar 1945 gesprengt, sein Grab geräumt, um es dem russischen Zugriff zu entziehen. Für die Särge Hindenburgs und seiner Frau begann eine Odyssee quer durch Deutschland. Auf dem schneeverwehten Deck des Kreuzers „Emden" ging es über die Ostsee zunächst nach Stettin, von dort weiter nach Potsdam, wo man die Särge neben den beiden Soldatenkönigen einbunkerte.[332] Ein zweites imaginäres Zusammentreffen nach dem März 1933. Händedruck nicht über, sondern in der Gruft, mit dem *Alten Fritzen* selbst. Aber die Russen rückten weiter vor und standen bald vor Berlin. Der Troß zog weiter nach Westen. In einem Thüringer Salzbergwerk wurden die Särge zwischengelagert und schließlich von den *Monuments Men* (darunter George Clooney, genau!) unter anderen NS-Devotionalien und Hohenzollernschätzen aufgespürt. Nach der Räumung Thüringens verbrachten sie die Amerikaner nach Marburg. Im August 1946 fanden die Hindenburgs in der dortigen Elisabethkirche neben den Hohenzollernkönigen ihre letzte Ruhestätte. Während Friedrich der Große 1991 nach Potsdam zurückkehrte, blieb Hindenburg an der Lahn und hier durchaus Sehenswürdigkeit. Die etwas erhöhte Grabplatte im Nachhinein unter das Fußbodenniveau des Kirchenbodens zu versenken, um sie neugierigen Blicken zu entziehen, erwies sich als technische Unmöglichkeit.[333]

1947 wurde auch Hindenburgs Statue am Kyffhäuser beerdigt. In der Rudolstädter Akte findet sich auf der Rückseite eines Schreibens des Staatshochbauamtes Sondershausen „zur Beseitigung des Hindenburgdenkmals“ der handschriftliche Vermerk: „Geschl. 19. 8. 1947, z. d. Akten. (Hindenburg-Denkmal Kyffhäuser).[334] Nach hundert Jahren war Ruhe über Hindenburgs Gebeinen und seinem Denkmal. Vorläufig zumindest.

Schneewittchen in der Grube

„Nun lag Schneewittchen lange, lange Zeit in dem Sarg und verweste nicht, sondern sah aus, als wenn es schliefe.“

Brüder Grimm

Aus der kostengünstigen Lösung von 2004 ist nichts geworden. 4.000 Euro hätte ein Transport ins Deutsche Historische Museum nach Berlin gekostet. Aber niemand wollte bezahlen. Wie schon 1951, als es nach Otto Grotewohls Machtwort nur noch zur Entfernung einiger weniger nazistischer und militaristischer Symbole kam. Die Geschichte funktioniert nicht wie das Fallgesetz, aber die Trägheit wirkt. Auch aus der „Panzerglasplatte“ ist nichts geworden. Breul hätte gern Kaffeetische über dem militärischen Schneewittchen platziert und „Frankfurter Kränze“ serviert, so mächtig wie die deutsche Königskrone. Doch nichts ist passiert. Bis eben hing alles noch am Landkreis Kyffhäuser, der die Last der Vergangenheit nicht stemmen konnte. Inzwischen ist eine neu gegründete Kyffhäuser-Stiftung zuständig. Das so deutsche Nationaldenkmal in der grünen Mitte zwischen Koblenz und Leipzig bleibt mit oder ohne Hindenburg eine Freiheitsstatue anderer Art. Die *schwarz-rot-goldene* Kuppel über grüner Auelandschaft wirkt immer noch Furcht einflößend. Länderübergreifende Expertenkommissionen sind beauftragt, den modernen, demokratischen Erinnerungsort zu schaffen. Mit der Umwidmung ist es aber so eine Sache. Auf dem Berg stagnieren die Besucherzahlen. Für die politische Bildung ist er zu entlegen, für den *Dark Tourism* nicht dunkel genug. Die Biker brauchen gutes Wetter, schaffen es zumeist nur vom Parkplatz bis zum

Bratwurststand. Schulklassen kommen immer weniger. Die alten Herren vom *Bund* legten, solange es noch stand, ab und an einen Kranz am Holzdenkmal nieder. Der war aber am nächsten Tag wieder weg. Der Burghausmeister hatte seine Weisungen.

Was also tun? Hindenburg ist eine verlorene Angelegenheit, ein verlorener Posten, den zu halten keine Patrone und keine Blume mehr lohnt. Die Tinte schon. „Die wahre Tragödie der Weltgeschichte", so meinte Egon Friedell einmal, bestehe nicht darin, „dass Throne stürzen, Kunstwerke zerfallen, sondern dass Gefühle verlöschen".[335] Über das verloschene Hindenburg-Gefühl ist niemand traurig. Und dennoch ist das historische Endlager nicht dicht. Kontaminierte Geschichte läuft aus. Es qualmt immer noch ein bisschen auf dem Kyffhäuser. Der Zombie könnte aufwachen. Zuvor gäbe es Möglichkeiten, den Porphyr-Marschall zu entsorgen: Gut aufgehoben wäre er im Deutschen Historischen Museum in Berlin, platziert in der Eingangshalle, liegend neben Lenin aus Eisleben. Ein neuerlich verschwundenes Denkmal würde die Gemüter weniger erregen als dessen Wiederaufstellung. Dem Kommentar Hegels, dass sich „alle großen weltgeschichtlichen Tatsachen und Personen zweimal ereigneten, fügte Marx hinzu: „das eine Mal als Tragödie, das andere Mal als lumpige Farce".[336] Im Sommer 1945 hätten die Amerikaner den Koloss locker mit dem Hubschrauber abtransportieren können. Vielleicht hielten sie den preußischen Generalissimus aber auch für Stalin und trauten ihren Augen nicht, so wie die Sowjets, als sie das Örtchen „Lehnin", westlich von Berlin erreichten. Ein ‚H' gibt es im Russischen nicht, also musste das wohl ein vergessenes kommunistisches Widerstandsnest sein. Hermann Lübbe schrieb mir vor Jahren zu einer möglichen Musealisierung des Kyffhäuser-Hindenburgs:[337]

„Ihre Frage ‚Was tun' hat es natürlich in sich. Ich fühle mich überfordert. Andererseits: Man ist gut beraten, aus lauter Angst, bei Verstößen wider Correctness-Regeln ertappt zu werden, nicht immer nur den Mund zu halten. Richtig ist stattdessen, sich unbefangen auf das komplizierte historisch-politische Erbe in der Absicht zu beziehen, um es in allen seinen Facetten kennen zu lernen. [...]
Also antworte ich auf ihre Frage spontan: Ich schlage eine Einrichtung zur Musealisierung des Kyffhäuser-Komplexes vor, das Groß-Denkmal aus kaiserlichen Zeiten bleibt, selbstverständlich, als historisches Denkmal politisch relevanter Erinnerungskultur erhalten und damit, selbstverständlich, auch für den Zutritt der diesem Denkmal bis in ihren Vereinsnamen hinein Verbundenen geöffnet. Sobald dafür Geld zur Verfügung stünde, wäre nicht weit entfernt vom Denkmal, um anlageästhetisch das Denkmal ungestört wirken lassend, in einem kompakten Bau ein Museum mit der historiographisch erzählenden Vergegenwärtigung der Stellung des Kyffhäuser-Denkmals in der Reihe der deutschen historisch-politischen Groß-Denkmäler zumal des 19. Jahrhunderts zu errichten – mit Einschluss selbstverständlich der Geschichte des Hindenburg-Denkmals, das in seiner materiellen steinernen Gestalt, als Fundsache aus seinem Beton befreit, nicht an alter Stelle, vielmehr im Museum als Museumsgut neu aufzustellen wäre. Ein verehrungsvoller Zutritt bliebe demjenigen, der zu ihm neigt, auch unbenommen – aber eben im musealen Kontext neutralisiert wie anderes Museums-

gut dieser oder jener historisch-politischen Bedeutung ja auch."[338]

Lübbes spontaner Vorschlag kalkuliert Gegenwartsschrumpfung bei Vergangenheitsverwandlung. In der Bewältigung dessen ginge es noch um die Ermöglichung *kleinteiliger* Aneignung, nicht aber um *kollektive* Identitäten, die unter dem Druck moralisierender Dauertöne entstehen. Der als krisenhaft und unkontrollierbar empfundene gesellschaftliche Wandel könne indes, so die Hoffnung Lübbes, durch Geschichtsvergegenwärtigung kompensiert werden.[339]

Etwas anderes: Beim Blick in die Baugrube kommt einem der Begriff *Durchschnitt* in den Sinn. Mediokrer Militär in Laub und Lehm. „Aus der Dämmerung des Durchschnitts wurde er erst im biblischen Alter hervorgehoben", so sah es Emil Ludwig. Es ist spannend, an der Grube Mäuschen zu spielen. „Komm, wir fotografieren mal den Kaiser!", hört man da gelegentlich. Bei Paaren sind zumeist die Männer interessiert und erklären die Lage. Geschichte ist, wo gekämpft und gestorben wird. Man(n) kennt sich da aus und *Frau* muss das eben schlucken und staunen. Wie Hindenburg so daliegt, könnte zuletzt der Eindruck einer Gefängniszelle entstehen, passend zum alten „Kerkerbild" der DDR.[340] Wie das Denkmal ist auch der Mann schuldig und gehört eingesperrt. Erlauschtes Gespräch:

„Junge: ‚Papa, da liegt einer.'
Vater: ‚Oh, geh' mal nicht zu nahe ran.'
Junge: ‚Hat der was verbrochen?'
Vater: ‚Weiß nicht, aber wenn einer so liegt, muss was gewesen sein …'"

Der Vater will weiter, während der Junge noch versonnen in die Grube blickt: „Was wird da wohl gewesen sein?" Diese und andere Geschichten führen nach innen. Das Problem ist allzu oft das Schnelle, Beiläufige, Oberflächliche in Anschauung und Urteilsbildung. Dazu gehört auch der Hang des Historikers zum Journalistischen, zur publizistischen Verwertung seiner Forschungen. Mit der horizontalen Figur geht das schlecht. Dem Jungen ist gänzlich unverständlich, warum ein Denkmal liegen sollte. Er will es genauer wissen, hat Fragen, die dem Vater wiederum unheimlich sind, so wie die ganze Grube mit ihrer Steinleiche Unbehagen macht. Er strebt weiter zu Barbarossas Bart, oben in der Felsengrotte. Man hat nicht für alles Zeit. Mein Eindruck der Szene: Die Dinge, die nicht zusammenpassen, deren Logiken sich nicht erschließen, bleiben unverstanden und sperrig am Wegrand liegen. Wegrandgeschichten. Holzwegestories. Die Sache ist schwierig, so wie eine unleserliche Handschrift, deren Entschlüsselung Mühe kostet. Der naive Blick aus Kinderaugen will der Sache dennoch auf den Grund gehen, ungeachtet aller arbeitsökonomischen Reserven und ideologischen Vorurteile. Die Stärke der Frage: „Hat der was verbrochen?", liegt darin, dass sie – im Sinne des Kindes wie auch juristisch – mehr als ein *Ja* oder *Nein* verlangt. Das liegende Denkmal irritiert, weil es doch eigentlich stehen müsste. Aber es steht eben nicht, und deshalb „muss was gewesen sein".

Ich frage vor Ort: „Wer war Hindenburg und warum sollte er hier ein Denkmal haben? – Und was hat das Ganze mit Barbarossa zu tun?" Die Antworten kommen angepasst bis schräg. Die meisten haben tatsächlich keine Ahnung und oft auch kein Interesse und das, obwohl sie hier sind. Wirkung des Geschichtsunterrichts an deutschen Schulen? Geschichte ist nicht für Jedermann – noch so ein Goethe-Wort. Wandertage sind Glückstreffer. Eine Grundschulklasse, hellwach und noch unverdorben von digitaler Kompetenzpädagogik, kommt von oben. Ich halte sie auf, frage nach den Kaisern. Einer weiß sie auf Anhieb. Beide richtig! Ein paar Jungs und ein Mädchen kommen mit zum Loch. Allgemeines Staunen. Neugierig lehnen sie sich über dem Zaun: „Ein Geist? Das ist ein Geist." – „Der hat ja keine Füße." Ich: „Sie stecken im Beton fest. Seht ihr?" Das Mädchen: „Och. Hat der die Beine gebrochen? Das tut doch weh. Er hat bestimmt Schmerzen, der Arme." Die Lehrerinnen machen jetzt Druck, wollen zum Bus. Große Augen und gerunzelte Stirnen im Gehen, nach dem Motto: „Wir würden ja gern noch, aber wir müssen." Einmal machte eine Klasse aus Frankenhausen Frühstückspause bei den Krambuden am Parkplatz. Als die Lehrerin zum Aufbruch bläst: „So. Jetzt gehen wir zum Kaiser!", meldet sich einer: „Aber das waren doch zwei?" Lehrerin: „Ja, du hast recht, zwei Brüder!" Der Junge verblüfft: „Aber Sie haben uns doch neulich gesagt, es gibt keine Vampire?" Lehrerin: „Das stimmt. Wie kommst du drauf?" Junge: „Na, wenn der eine Bruder tausend Jahre älter ist als der andere, dann muss er doch ein Vampir sein."[341] So wunderbar märchenhaft geht es hier zu, mit oder ohne Marschall. Auch drüben, am Schlachtenberg, bei Tübkes Welttheater, herrscht das deutsch-deutsche Erinnerungschaos. Der rote Porphyr des monumentalen Baus im Albert-Speer-Stil erinnert an das Rostrot der Barbarossa-Grotte. Deutsche Schattenlinien. Eine Lehrerin – in Frankenhausen, so scheint es, gibt es unendlich viele – erzählt vom Gespräch einer westdeutschen Reisegruppe: „Da war doch auch der Luther zu sehen, das war doch der, der den ‚Faust' geschrieben hat." – „Ja, das stimmt." Kommentar: „Ich bekam einen langanhaltenden, sehr lauten Lachanfall!"[342] Die Halbbildung des Klassenfeindes tat gut.

Vielleicht ist der gläserne Schneewittchen-Sargdeckel ohne Kaffeetische über der ganzen vermaledeiten Geschichte am Ende doch das Beste. Eine durchsichtige Lösung für die Verwahrung des unerwünschten Fundes und Denkmals jenes Mannes, der als politischer Wegbereiter Hitlers eine fatale Rolle spielte und als Oberbefehlshaber des deutschen Heeres im Ersten Weltkrieg für millionenfaches Leid mitverantwortlich war. Brecht hat ihn in seinem *Alfabet* für Kinder (1934) unter Buchstabe *H* verewigt:

„Hindenburg war ein schlechter General
Sein Krieg nahm ein böses Ende.
Die Deutschen sagten: Teufel noch mal
Den machen wir zum Präsidente.“ [343]

Die Mehrheit der Deutschen hatte Hindenburg als Reichspräsident 1925 hinter sich. Anders als Wilhelm Pieck 1949, den Brecht gern lobte. Der gewesene Kriegsherr wurde zweimal demokratisch ins höchste Amt der Weimarer Republik gewählt. Ein guter Demokrat war er deswegen nicht. Eine Informationstafel zur Einordnung wäre das Übliche, ist oft aber nur Rechtfertigungskosmetik angezweifelter moralischer Integrität derer, die sich für alle zu erklären genötigt sehen. Besser ein paar Kreidetafeln zur Ermunterung spontaner Kommentare, zu unbetreutem Denken und Schreiben für jedermann. Wegweiser: „Holzweg zu Hindenburgs zweitem Grab“. Wenn alles vollgeschrieben ist, wird *Tabula rasa* gemacht. Tafeldienst hätte der Burghausmeister. Und dokumentieren müsste er alles für ein digitales Gästebuch. Geschichtsbewusstsein am Berg in Bewegung. Dazu ein paar markige Zitate Hindenburgs, als Impulse zum Lachen, Weinen und Nachdenken. Aus den *Erinnerungen* etwa dieses: „Wo hatte der Gleichheitsgedanke und Einheitssinn des Volkes eine durchgreifendere Vertretung gefunden als in der alle gleichmachenden Schule unseres großen, vaterländischen Heeres?“[344] War das so? Wäre das nicht wieder erwünscht? Friedrich Engels hatte Ähnliches im Sinn. Die Bundeswehr als *Schule der Nation*? War es die Reichswehr, die Nationale Volksarmee? Nüchterner Steckbrief aus DDR-Zeiten:

> „*Hindenburg, Paul v. Beneckendorf und v.* (2. Oktober 1847 bis 2. August 1934) preußischer Generalfeldmarschall; 1914 Oberbefehlshaber der 8. Armee in Ostpreußen; seit 1. November 1914 Oberbefehlshaber aller deutschen Streitkräfte im Osten; seit 29. August 1916 Chef der (dritten) OHL. Nach der Novemberrevolution Chef des Grenzschutzes Ost; 1919 in den Ruhestand getreten; 1925 zum Reichspräsidenten und 1932 mit Unterstützung der SPD als solcher wiedergewählt; verhalf 1933 dem Faschismus zur Macht.“[345]

Merkwürdig kühl und knapp. Könnte heute eine KI-Antwort auf die Frage „Wer war Hindenburg?“ sein. Faktologisch sauber, Note drei minus. Aussagekräftiger ist da schon ein leider nur im siebenten Ormig-Durchschlag vorliegender und so wiederum nur mit KI-Unterstützung zu entziffernder Brief Gertrud von Hindenburgs vom März 1915. Die der Versorgungspolitik offensichtlich kritisch gegenüberstehende Philanthropin erwartet ihren Mann zu Ostern auf Urlaub. „Ich hoffe“, so schreibt sie ihm,

> „Du kommt auch und erfindest nicht wieder eine fadenscheinige Ausrede, wie das mit den Russen neulich zu meinem Geburtstag. Immerhin darfst Du nicht verges-

> sen, dass Du neben dem Krieg auch eine Familie hast, die Dich braucht. Im Übrigen ist uns nun neuerdings verboten, Kuchen zu backen. [...] Wer hat sich das nun wieder ausgedacht. Der Kaiser? Stell Dir doch all die braven deutschen Soldaten auf Heimaturlaub vor. Sollen die Rübensuppe am Ostersonntag essen? Dieser Zustand ist doch untragbar. Dieser Mumpitz muss ein Ende haben. Lass doch Deine Beziehungen spielen [...].“[346]

Die Russen und kein Kuchen. Man glaubt es kaum. Das spröde Historiengestein wartet nicht auf Kunst oder Künstliche Intelligenz. Man könnte sich dennoch ein bisschen Popkultur zur muffigen Vergangenheit vorstellen, respektlos, ohne Büßergewand für Land und Leute. Ausgangspunkt: Der gefallene Hindenburg wird wieder aufgestellt, unter gewissen Umständen. Umstand eins: Er bleibt bis zur Hüfte im Loch, für das Publikum so auf Augenhöhe und unter den erlaubten vier Metern. Um ihn wird ein komplementäres wie antithetisches Figurenarsenal arrangiert. Kein Blech, keine Plaste, keine Erläuterungen, nur Holz wie bei Paul Breul. Nachhaltiges Stillleben mit *großen* und *kleinen Köppen*. Ein nationaler Politparcours. Weizsäcker käme zweimal – als personalpolitische Fundamentale zwischen Diktatur und Demokratie, Krieg und Frieden. Als Bundespräsident lehnt er noch am Baum wie gehabt, daneben aber steht der Soldat Weizsäcker, der 1939 mit dem Potsdamer Infanterieregiment Nr. 9 in den Krieg zog. Er hält seinen gefallenen Bruder im Arm. Ein Schild mit dem Wahlspruch des preußischen 1. Garde-Regiments zu Fuß: *Semper talis*,[347] liegt am Boden. Neben der von Breul geschaffenen Barbarossafigur an der Hausmauer steht mit verschränkten Armen und empört zurückgenommenem Oberkörper Wilhelm II. Vor ihm, rücklinks zum Denkmal, salutiert Stasichef Mielke in Richtung seines Pavillons. Hitler kniet im schwarzen Sonntagsanzug in der Grube, den Zylinder neben sich. Betend schaut er zu Hindenburg auf. Stalin sitzt mit einfachem Armee-Käppi und Proletenjacke Pfeife rauchend auf dem Holz-Hindenburg, der noch neben dem Loch liegt. Daneben wartet Grotewohl in Jeans und FDJ-Hemd, bewaffnet mit einer Schaufel, auf Befehle. Eine überlebensgroße Madonnenikone steht hinter dem Feldmarschall, legt ihm die Hände aufs Haupt. Schließlich sitzt der Kadett Hindenburg auf dem leeren Postament neben der Grube und schreibt seine Testamente in ein Notizbuch. Um die Personengruppen schlängeln sich Marschkolonnen in Miniaturformat eines Dioramas. Die Truppe ist zusammengemischt aus Teilen des alten deutschen Heeres, der Reichswehr, Wehrmacht, NVA und Bundeswehr. Alles viel zu verschnörkelt, natürlich nicht machbar, höchstens als ein von Neo Rauch bemaltes Kirchenfenster voller eingefrorener, abwesender Gestalten.

Umstand zwei: Hindenburg bleibt liegen, neben ihm im Loch steht eine Fahnenstange mit dem Spruch Erich Kästners:

„Wer hier vorübergeht, verweile!
Hier läuft ein unsichtbarer Wall.
Deutschland zerfällt in viele Teile.
Das Substantivum heißt: Zerfall.
Was wir hier stehngelassen haben,
Das ist ein Grabstein, dass ihr's wisst!
Hier liegt ein Teil des Hunds begraben,
Auf den ein Volk gekommen ist."[348]

Kästner Abgesang stammte von 1931. Die Idee war dem Dresdner an einem preußisch-sächsischen Grenzstein gekommen. Man denkt eher an 1961. Auf die Stange könnte eine Pickelhaube kommen. Wer sie grüßen will, so wie bei Schiller folgsame Untertanen Gesslers Hut, mag es tun, wer nicht, macht es wie Tell, nur ohne Armbrust.[349] Zu den antirepublikanischen Reichsgründungsfeiern der 1920er-Jahre war der Rütli-Schwur öfter rezitiert worden: „Wir wollen sein ein einig (bei Schiller ‚einzig') Volk von Brüdern, in keiner Not uns trennen und Gefahr."[350] Hindenburgs Weltkriegsverlierer kannten den Satz wie das „Vater unser". Ob stehend oder liegend: Sein Denkmal hat einiges mit *Wall* und *Zerfall* zu tun. Auch das Volk, das auf den Hund gekommen ist, gibt es noch. Anderer, schlichter Nachruf:

> „Paul von Hindenburg (1847–1934),
> Generalfeldmarschall und Reichspräsident.
> Hier ruht sein Denkmal, das besser liegt als steht
> Und auch gar nicht stehen kann,
> Weil der, dem es gewidmet ist,
> Den Geschichtsbeton, von dem es festgehalten wird,
> Selbst angerührt hat."

Vielleicht ist das aber auch schon zu eindeutig. Auf die Idee, mit Zeiten, Materialien und Körperteilen des Denkmals spielen, kam eine Studentin. An der „unscheinbaren Grube" vorbeikommend, so überlegte sie, könnten:

> „Diejenigen, die anhalten, um hineinzuschauen, […] einen auf der Seite liegenden Hindenburg finden. Die Statue liegt ohne ihre Füße ohne Infotafel. Lediglich ein vergilbter Artikel aus der Bild-Zeitung klärt hinter einem Fenster über das wiedergefundene Denkmal auf. Seit der Wiederentdeckung der Statue weiß man nicht, was man mit ihr tun soll. Man hat sie schließlich liegen

> lassen, aus Mangel an Ideen, geradezu symbolisch für die Schwierigkeiten in der Forschung, wie man Hindenburg bewerten sollte. Mein Vorschlag für den Umgang mit der Statue wäre folgender: Die Grube in der Hindenburg liegt, sollte bestehen bleiben, allerdings ausgekleidet mit Holz oder Beton, damit sie weniger verwahrlost aussieht als aktuell, ein simulierter Graben aus dem Ersten Weltkrieg. Zusätzlich könnte man die Stiefel der Statue, die bereits beim Bau des STASI-Ferienpavillons gefunden wurden, auf einem Sockel neben der Grube aufstellen. Dazu könnte man eine Plakette hängen, die den Werdegang der Statue erläutert. Mir würde die Symbolik gefallen von einem gestürzten Hindenburg, von dem nur noch seine Füße in riesigen Kommissstiefeln auf dem Denkmalssockel bleiben, die auch noch von der STASI einbetoniert waren. Das Denkmal wäre so weniger ein Denkmal Hindenburgs, sondern ein Denkmal, das an seinen Sturz nach dem Ende seiner Karriere erinnert. Indem man nur die Füße auf einen Sockel stellt, würde die Statue intentionaler wirken und zur kontroversen Figur passen. Als Wegbereiter der Nazis hat Hindenburg jedenfalls kein heroisches Denkmal verdient. Wenn man ihn in seiner Grube ließe und etwas Beiwerk liefert, hätte die Statue das Potential, Besucher zum Nachdenken über die Person anzuregen und verhinderte zugleich, dass diese Stätte von rechten Kräften missbraucht werden kann.“[51]

Ein im Unterstand ruhender Hindenburg, seine Stiefel dagegen auf dem Sockel. Eine schöne Perversion. Oder man belässt es einfach beim leeren Postament, so wie in den 1950ern, als der Kastellan darauf seine Vergissmeinnichte pflanzte. Am Ende funktioniert ein Nachdenken für die Leute nicht. Schon gar nicht lässt sich nachträglich zurechtrücken, was in der Vergangenheit schief liegt. Nachdenklich indes sollten uns die Dinge, in die wir verstrickt ist, schon machen. Die Defizite bleiben. In kulturrevolutionärer Relevanzverknappung wäre zuletzt nur noch zu fragen: „Ist das Antifa oder kann das weg?" Offenkundige Differenzen in Betracht ziehender Tatsachenrespekt macht Arbeit und stört Theorie und Ideologie. Eine neuerliche Inszenierung des Formenarsenals hätte auf melancholisch-künstlerische Weise zu reflektieren, ohne handlungsorientiert-aktivistisch zu sein.[352] Dafür gab es um den Kyffhäuser zu viele Kommandorufe, zu viel lautes Kasernenhofgebrüll, zu viel befohlene Politik und Kultur, zu viele erzwungene Bekenntnisse. Der Bergparcours vom Bratwurststand, vorbei an Hindenburg bis hinauf zu den Kaiserdenkmälern ist ein Stück „mentale Infrastruktur" der Deutschen, mit ihren geteilten Erinnerungen, ihrem gemeinsamen Vergessen.[353] Für den kaputten Wald gibt es die Praxis der „Naturbelassenheit". Der Biotop regelt das, wenn die Menschen ihn in Ruhe lassen. Für die Kultur hieße das, freundliche Skepsis auch angesichts verwitternder Götzen. Und keine heroischen Aufforstungen mehr. Mischformen allenfalls. Die dunklen Zeitalter kommen so oder so. Vom gefeierten „Soldaten" zum gestürzten „Militaristen" ging es so schnell wie mit Deutschlands Auf- und Abstieg. Hindenburgs Lebensspanne bis hin zum Denkmalsturz resümiert das Ganze. Einhundert Jahre zusammen. Es war nur ein *Katzensprung vom Kapitol zum Tarpejischen Felsen*, nur ein Schritt vom Helden zum Schurken.

Als die Holländer 1989 die deutsche Einheit feierten, verständlicherweise nicht so ganz leidenschaftlich nach ihren Erfahrungen mit den letzten Gesamtdeutschen, waren die nationalsozialistischen Schattenlinien wieder präsent. Die Karikatur aus der Amsterdamer

„Die deutsche Frage", in: *De Volkskrant*, 13. September 1989, © VG Bild-Kunst, Bonn 2011

Volkszeitung zur deutschen Frage bündelte im Slogan „Ein Volk, ein Reich, ein Kohl!!!" alte Feindbilder[354] und nahm den Übergang von „Wir sind *das* Volk" zu „Wir sind *ein* Volk" auf den Leipziger Montagsdemonstrationen vorweg. Das war dem kleinen Nachbarn verständlicherweise nicht geheuer. Man hatte seine Erfahrungen. Der Bundeskanzler ist hier ein bisschen Bismarck, ein bisschen Hindenburg, ein bisschen auch der Reichsoberförster Göring. Die Pickelhaube ist zu klein für den „Hunnenschädel", der auch wieder da ist; über dem „Nacken abgesägt und passgenau aufgesetzt […], der gezahnten Speckfalten wegen".[355] Die Ostdeutschen laufen dem Kanzler der Einheit nach, wie die Hitlerjungend dem Führer und die Jungpioniere Margot Honecker. Auch die Pimpfe und Jungmädels der Jungen Union stehen ordentlich stramm zur Ansage, dass „die Teilung unseres Vaterlandes widernatürlich" sei.

Typische Assoziationen im Ausland bis heute. Automatismen, die schwer zu labilisieren sind. Kann Geschichte als *Nachteil* nützlich sein für das Leben? Aus Niederlagen lässt sich lernen, aus Siegen kaum, schon gar nicht aus leichten. Jeder Spieler weiß das. Im Kollektiv wird selbst das Niederlagenlernen schwierig. Denn es beruht auf Erfahrungen jedes Einzelnen und führt, wo stattgefunden, zu sehr verschiedenen Verhaltensänderungen. Zudem ist es eine Angelegenheit nicht so sehr des Musealen oder Normativ-Narrativen. Es passiert vielmehr im sozialen Feld, im realen Streit und Austausch.

Zur progressiven Musealisierung unserer Alltagswelt als Teil beschleunigter Zivilisationsdynamiken zählt „die kulturelle Sensation, die das wirklich Rare macht".[356] Dies kann – wenigstens temporär – Aufmerksamkeit schaffen, anregend sein, auch wenn *Musealisierung* im Ganzen eher neutralisiert, einfriert, den Dingen ihre politische Speerspitze nimmt. Immer droht Erschöpfung in ritueller Langeweile oder langweiligen Ritualen. In historischen Rumpelkammern hingegen schläft niemand ein. Die Taschenlampe geht an, zwischen den Mottenkisten und im Kopf. Bei Hindenburg ist die Sache noch nicht ganz erledigt, noch etwas in der Schwebe. In „Babylon-Berlin" kommt er als alter Preuße (Günter Lamprecht) gar nicht so schlecht weg. Als „Rettungsanstalt kultureller Reste aus Zerstörungsprozessen"[357] hat ein Museumskomplex wie der Kyffhäuser seine Berechtigung, selbstverständlich mit ihm als umstrittener Figur am Rande. Einen Knacks bekäme unser ästhetisches und moralisches Urteilsvermögen dadurch nicht. Ließe uns der horizontale Marschallpräsident über Abgründe, Ambivalenzen und Möglichkeiten der deutschen Geschichte ein wenig ins Grübeln kommen, machte er uns in einer Kultur erlebbarer Vieldeutigkeit für Momente nachdenklich, wäre es schon gut. Allein hier stock' ich schon wieder: Wer ist *Uns*? Und was ist gewonnen mit der ganzen Vergangenheitspädagogik und dem immer ein wenig vormundschaftlichen Reden, mit betreutem und beratenem Erinnern durch vermeintlich Kundige, moralisch Berechtigte, politisch Autorisierte? Eine Politik, die sich zutraut, das alleinige Deutungsmuster für die Wirklichkeit zu besitzen, bestellt die Wirklichkeit ab. Der Glaube an die Wissenschaft wird problematisch, wo im Singular geglaubt wird und Ergebnisse alternativlos sind. Plausibilität und Reversibilität sind auch in Sachen Wissensverwertung die besseren Prinzipien. Es ist ein großes Missverständnis, anzunehmen, richtiges Leben und vernünftiges Denken ließen sich „als Expertenurteile generieren".[358] Demokratie kann Freiheit, aber auch Gruppenzwang bedeuten. 1939 fühlte sich das braune Kyffhäuserheer nicht nur urdeutsch, sondern auch urdemokratisch. Alles kam von unten und aus einer Kehle, ging in der einen Marschkolonne auf. Und 1973, auf dem Jenaer Nordfriedhof vor der Stele Magnus Posers, waren alle Kinder Antifaschisten und Freunde der Sowjetunion und hatten doch keine Ahnung. Der Widerstandskämpfer war revolutionärer Vorbote einer schönen neuen Welt und blieb doch nur abstraktes Individuum. Während Identitätspolitik lebt, ist das Heldengestein aus der Zeit gefallen. „Die Ritter sind verschwunden / Nimmer klingen Speer und Schild." Als es in der Welt noch heroisch zuging, waren die Historiker Götterboten. Hermes war ihr Chef, nach Tucholskys deutschen Maßstäben der *Oberpostdirektor* im Olymp. Manche fühlten sich wie Priester, sehr ernst, sehr kundig, sehr sendungsbewusst. Ihre Predigten sind vergessen, auch die vielen, die den Krieg lobten.

Auf dem Kyffhäuser fühlt man sich an besucherarmen Wochentagen in weltabgeschiedener Höhe. Der freie Blick über den Dingen bedeutet zugleich Abstand von ihnen. Berge erheitern und die ollen Geschichten ziehen immer noch, gießen mir trotz aufklärerischen Amts *romantische Wärme* ins Gedärm, so wie die Ringelnatz'sche

Bowle. Keine Stimme scheucht mich. Nietzsches Lob des *Einsamen* spricht für und gegen den Ort:

> „Verhasst ist mir das Folgen und das Führen.
> Gehorchen? Nein! Und aber nein – Regieren!
> Wer sich nicht schrecklich ist, macht niemand Schrecken:
> Und nur wer Schrecken macht, kann andre führen.
> Verhasst ist mirs schon, selber mich zu führen!
> Ich liebe es, gleich Wald- und Meerestieren,
> Mich für ein gutes Weilchen zu verlieren,
> In holder Irrnis grüblerisch zu hocken,
> Von ferne her mich endlich heimzulocken,
> Mich selber zu mir selber – zu verführen."[359]

Das wäre das Ich. Das andere ist die Geschichte. Hier ist sie Gegenwart und Ruine zugleich. Man besieht und beschreibt sie im Gefühl unausweichlicher Zerstörung, die alles Menschliche früher oder später erfasst. Man blickt unter die Steine, dreht sie um im Bewusstsein des Niedergangs. Denkmäler leisten Widerstand gegen den Verfall und Zerfall im Hier und Jetzt. Wenn wir sie alle stehen ließen, wenn die Gräber der Toten für immer bewahrt würden, gäbe es keinen Platz für die Lebenden.[360] An Tagen ohne Publikum herrscht auf dem Berg tatsächlich Friedhofsstimmung, und wer kommt, geht zu den Toten. Aber nicht nur zu denen. Denn man besucht ja nur sich selbst, wenn man zu ihnen geht.[361] Tucholsky hatte so recht. Deutsch sein? Man kann hier nicht umhin, danach zu fragen. Im „gotischen Kyffhäusergewölbe", wo man so oft auf den „ehernen Wiedervereinigungstag" wartete, wohnen wir selbst.[362] Bei Thomas Nipperdey war das Deutsche die Sehnsucht nach stadtfernen Bergheiligtümern jenseits der Zivilisation, war es eine Sehnsucht nach dem „Abbild der Unendlichkeit“, die ins Innere der „deutschen Seele“ führte.[363] Ernst Bloch wiederum wollte diese in alten Krügen gefunden haben, aus denen sich ein „seltsames Garn zu uns herüberspinnt“.[364] Am Kyffhäuser scheint die Sehnsucht bergwärts zu fliehen, in eine Landschaft romantischer Innerlichkeit, besonders fühlbar an klaren, kalten Wintertagen, mit Blick zum weißen Brockengipfel. Von Barbarossa bis Heine und zurück. Schöne Linien, aber gebrochen durch Stacheldraht und Selbstschussanlagen. Was da alles schiefgelaufen ist bis hin zum schiefen Hindenburg. Wer da alles versagt hat? Wenn die „deutsche Seele“ mit der Zivilisation und an der Spitze des Fortschritts marschierte, wurde es immer böse. Falsche Bilder, faule Rituale, Massenkundgebungen, Aufmärsche, Weltrettungsträume, die zur materiellen Gewalt wurden. Zum Glück nicht immer und nie für lange. Aber es reichte. Und zum Sündenbock wurde man schneller als gedacht.

Gerade sieht sich deutsche Politik wieder in einer „Schicksalsgemeinschaft“, diesmal der europäischen. Wir mittleren Teilungskinder glauben an derlei fatalistische Aussichten nicht, auch weil sie mit alten Feindbildern verbunden sind. Wir trauen politischen Offenbarungen nicht, stehen *nationalen* wie *globalen* Verheißungen mit Skepsis gegenüber. Wir wissen, dass es ein kollektives Gedächtnis ebenso wenig gibt, wie eine *volonté générale*,[365] die selbst noch im Meer Tausender Blauhemden Trugschluss blieb. Diese Lektion haben wir gelernt, dieses Gefühl schleppen wir mit, auch wenn wir im Absoluten unverbesserliche Optimisten bleiben. Unser Misstrauen richtet sich gegen jegliche ethischen Vorschriften, die „überall und unter allen Umständen anzuwenden sind“.[366] Am *deutschen Wesen* wird hoffentlich keine Welt mehr genesen – keine braune, keine rote und auch keine sonstige. Inzwischen geht es um ökologische Heilung durch globale klimapolitische Intervention mit Rückstoß auf jede einzelne Existenz. Auch daraus könnte ein neuer *Totalitarismus* erwachsen. Die Biker auf dem Kyffhäuser wollen davon nichts wissen. Benzin wird immer teurer. Man wirft sich dennoch in die Kurven – ohne Geschichte, ohne Zukunft, aber mit vollem Tank. „Und kost' Benzin auch drei Mark zehn / Scheißegal, es wird schon geh'n …", sang *Markus* 1982. Da war auch schon Ölkrise. „Die Geschichtsphilosophen haben die Welt nur verschieden verändert; es kömmt darauf an, sie zu verschonen", lautet Odo Marquards andere elfte *Feuerbachthese.*[367] Die Politik ist aber zuständig – für Kriegsausbrüche, Waffenlieferungen, Finanzkrisen und Machtwechsel. Auch Hindenburg war es. Heute ist der gefallene Marschall keine Aufforderung mehr zur Tat. Gewiss gibt es noch ein paar Anhänger, Lokalpatrioten oder Landschaftsromantiker, die sich aus ihren Biografien nicht vertreiben lassen wollen. Aber auch das wird sich geben. Und wenn noch wer im Gestus der großen nationalen *Alternative* zwischen den Kyffhäuserleichen auftritt, wiederholt sich die Weltgeschichte nur wie gehabt als Farce nach der Tragödie.

Epilog

„Machen Sie aus Menschen keine Helden.
Helden existieren nicht."
Sherlock (2010)

April 2021. Corona-Grabesstille am Berg. Die Kaiserdenkmäler sind für den Publikumsverkehr gesperrt. Über Schleichwege kommt man trotzdem hoch. Am Parkplatz brennt noch der Rost. „Wir halten durch", sagt die Frau hinterm Tresen, und wendet eine Thüringer Bratwurst. Trotz alledem. Kenner lassen sie nur pur gelten, ohne Senf. Ketchup ist völlig daneben, amerikanisch.[368] Es ist warm für die Jahreszeit. Napoleons Frustspruch stimmt auch nicht mehr: „Sechs Monate Winter und sechs Monate kein Sommer – und das nennen die Deutschen ihr Vaterland!" Ein paar Spaziergänger und Motorradfahrer lassen sich sehen. Ansonsten herrscht idyllische Ruhe. Ein Specht klopft. Oben bin ich allein. Der Blick in die Ebenen der Aue, zumal von keiner Stimme gescheucht, verkleinert. Wie Spielzeug erscheinen die Dinge im Tal, wie aus kindlicher Sicht, die das Große spielerisch greifbar macht.[369]

Am Burghof entsteht ein neuer Eingang zum Denkmal. Moderne touristische Logistik. Der riesige Baukran lehnt wie eine Belagerungsmaschine an der Ringmauer. Den Kyffhäuser „in unsere demokratische Mitte zu nehmen", lautet das erklärte Ziel geschichtstouristischer Innovation.[370] Glattgebügelte Oberflächen lassen sich nicht unbedingt besser verkaufen. Als die staufische Reichsburg fertig war, starb Kaiser Rotbart. Der Zauber um das spektakuläre Ende im Wasser kam von Alarichs Geschichte und dessen *Grab im Busento*. Nach der Einnahme Roms war der Gotenkönig 410 n. Chr.

am Fieber gestorben. In Harnisch und Kettenhemd hatten ihn seine Leute auf dem Rücken seines Pferdes im Bett des zuvor umgelenkten Flusses bestattet. Dann überspülten ihn samt beigegebenem Goldschatz die Wogen wieder. Zumindest bei August von Platen war das so. Der Kreuzzug ging schief ohne ertrunkenen Kaiser. Die Völker lernen nichts aus der Geschichte, war Hegels einzige Lehre der Geschichte. Heine wollte den alten Barbarossa lieber im Berg lassen und hielt – mit Ausnahme Napoleons – auch sonst nichts von *Geschäftsführern des Weltgeistes* für irgendwelche gegenwärtigen oder kommenden Erlösungen. Und Herbert Gottwald wusste Bescheid. Die ihm auferlegte postsozialistische Bereinigung der Kyffhäuserausstellung war wohl auch eine Art Katharsis für überbordende Kritik der älteren Zeiten gewesen. Zu neuerlicher Heldenverehrung gab es keinen Anlass mehr. Das Mittelalter und die ganze deutsche Barbarossamediävistik hatten sich mit zu viel brauner Soße bekleckert. Erstes, zweites, *Drittes* Reich, auf tausend Jahre und die Ewigkeit angelegt. Unter strenger Aufsicht des Wachpersonals soll der bereits schwer misshandelte KZ-Häftling Carl von Ossietzkys 1935 auf Fragen einer internationalen Rot-Kreuz-Delegation geantwortet haben:

> „Sind sie gut versorgt?“ „Jawohl!“
> „Das Essen ist ausreichend?“ „Jawohl“.
> Womit sind Sie derzeit beschäftigt?“
> Ossietzky jetzt im Tonfall des Führers:
> „Deutsches Mittelalter!“[371]

Totalitäre politische Systeme haben ebenso wie Denksysteme mit totalitären Ethiken immer die meiste Angst vor der Lächerlichkeit![372] Sie verstehen keinen Spaß. Utopien fehlt der Humor. Sie sind Drohungen. In ihrem Namen werde getötet, lese ich bei Emile Cioran, „Exzesse im Namen einer Nation, einer Rasse oder Klasse" seien „nahe verwandt mit denen der Inquisition- und der Reformationszeit." Auch Luther mit seinem „Glaubenseifer" könne „nur ein Zeitgenosse der Bauerngemetzel sein".[373]

Angela Merkels Holzattrappe ist inzwischen kopflos und liegt, Obama ist ganz weg. Geschichte verrottet, obschon sie noch Gegenwart ist. Der geschnitzte Hindenburg steht auf dem kleinen Postament, bewacht sein eigenes Denkmal. Das liegt still und starr in der Grube. Holz ist unschuldiger als Porphyr. Es führt in die Natur, in den Wald, weg von den Friedhöfen. Den Hinweis auf den gewesenen Reichspräsidenten am Geländer liest kaum jemand, die Texte und Bilder im kleinen Schaukasten sind vergilbt. Die Studis zucken die Achseln. „Soll doch ins Museum. Ist eh' tot und grün." Vergangene Vergangenheit ohne Zukunft.

Paul Breul hat sich inzwischen zur Ruhe gesetzt. Auch seine Holzfiguren sind nicht für die Ewigkeit. Es gibt neue Besitzer und eine Kyffhäuser-Stiftung, die Ordnung schaffen soll. Weizsäcker lehnt noch im himmelblauen Anzug mit roter Krawatte am Baum. Die Farben sind inzwischen abgeblättert. Der schwarze Schal von 2014 fehlt. Es ist Frühling. „King Silberlocke" blickt zum geschnitzten Barbarossa an der Wand. Daneben steht die riesige Pulle *Feuerstein*. Das Nostalgiekino hat nichts Aufforderndes, nichts Politisches. Alles wirkt so vorläufig wie melancholisch.[374] Im Stasi-Pavillon hängen gefühlt noch die Gardinen von 1989. Man wird alles abreißen, sobald ein bisschen Geld da ist. Wie Hindenburgs Grube daneben, verwahrlost das Ganze: abbröckelnder Putz, halbe

Bauzäune, verrottetes Laub, Taschentücher, Pappbecher, die Statue selbst schmutzig. Zukünftiger Müll war das Denkmal schon 1939, verdreckte Geschichte *Made in Germany.* Goethes einzige Wahrheit, die das Studium der Vergangenheit zu Tage bringe, „dass es zu allen Zeiten und in allen Ländern miserabel gewesen ist".[375]

Breuls Geschichtsvoluntarismus nahm Hindenburg in die Mitte. Zwischen den hölzernen Helden, zwischen Barbarossa, Weizsäcker, Obama, Merkel, und neben Brockenhexen, Fischadlern und polynesischen Moai-Statuen relativierte sich einiges, ohne neue Sinngebungen. Die Frau vom Kiosk sagt: „Was soll man machen? Jetzt liegt er nun mal da. In Berlin wollten sie ihn ja nicht. Kein Geld." Niemand will Hindenburg noch haben. In Marburg würde man die Gräber am liebsten unter den Kirchenaltar versenken. Weil sie in den Stadtführern aber noch als „Sehenswürdigkeiten" geführt werden, kommen die Leute. Offizielle Stadtpolitik in Sachen Feldmarschall: „Wir reden nicht darüber."[376] Die Zukunft des Gedenkens wird nicht in Denkmälern stattfinden, meinte Reinhart Koselleck vor Jahren in der Debatte um das Berliner Holocaustmahnmal. Zu monolithisch sei das alles und verbunden mit einer moralischen Hierarchisierung der Opfer, so wie früher jener von Siegern und Besiegten. Dagegen stünden Sprache und Literatur in ihrer Offenheit und Diversität. Ihre Leistungen, so Koselleck, blieben das A und O der Erinnerung.[377] „Denk ich an Deutschland in der Nacht …" Heines Albträume vor dem Erwachen haben mehr Kraft als jedes Mahnmal. Gedachte Nacht- und Nebelaktion vor neuerlichem Einsargen, Zuschaufeln, Entsorgen, Vergessen: Hindenburg wird im Felsenhof zu Barbarossas Füßen abgelegt. Die Stasi-Betonreste um die Stiefel bleiben als Fußfessel. Aufstehen und Loslaufen unmöglich. Therapeutisches Gespräch am Rande:

Hindenburg: „Was hältst du von Preußen?"

Rotbart: „Nächste Frage. Was sollen denn die Leute von uns denken?"

Hindenburg erinnert den alten Kaiser bei der Gelegenheit an seine eigentliche Mission. Sollte er nicht aufstehen, wenn Deutschland in Not ist? „Sieht doch gerade wieder mal schlecht aus." – „Na ja, vielleicht nicht so schlecht. Früher hätte ich öfter wiederkommen müssen, als die Bauern ausgepresst und die Frauen vergewaltigt wurden, im Krieg. Und dann soll es ja noch viel schlimmer geworden sein." Barbarossa für sich: „Aber Alberichs Augen sind so schlecht geworden und meine Ohren auch. Und der alte Adler Gerwan verfliegt sich immer öfter. Neulich erzählte er von stählernen Riesen, die gefährlich mit ihren Armen herumwirbelten, irgendwo Richtung Brocken."[378] Und die Raben? Kein Mensch weiß, ob sie noch da sind. Die Frühlingssonne blinzelt von Südwest durch den Geschichtsparcours. Alles ist Spiegelung und Schatten, optische Täuschung, Friktion – ein deutsches Stillleben mit großen Köppen und *Schierker Feuerstein*.

Ende 2022 sind Breuls Holzfiguren weg, geschreddert oder verbrannt. Mit der Kyffhäuser-Stiftung kam die Ordnung. Beim Aufräumen in den Innenräumen des alten Ferienheims um die Ecke hat man noch Stasi-Zeugs gefunden – Rechnungen, Formulare, Vorschriften. Ein Jubiläumsteller zu irgendeinem Ministeriumsgeburtstag ist für den Kiosk abgefallen. Man hat massives hellbraunes Biergartenmobiliar aufgestellt. Alles schön einheitlich, auch wenn die Einheit unten nicht funktioniert hat. Der Bauzaun um die Grube steht noch, aus Sicherheitsgründen. Er soll allzu Neugierige von einem Sprung ins Loch abhalten. Ich kann es nicht lassen und krieche noch einmal runter, schaue mir die im Fundament des Stasi-Pavillons versteckte Rückseite der Statue an. Hier findet sich das Epitaph:

UNSERM FELDHERRN
HINDENBURG
SEINE ALTEN
KAMERADEN

Hindenburg kommt nun doch unter die Glasplatte. Und unter Denkmalschutz. Der postnationale Sargdeckel senkt sich über den gefallenen preußischen Helden. Nach Cioran haben „die Opportunisten den Völkern Rettung gebracht, die Helden den Ruin."[379] Wie denn nun? Hindenburg gehört, ob nun als Opportunist oder Held, nicht mehr zum Mythos, dem man hier trotz Oberflächenwandel immer gleich nah ist. Im erzählten Untergrund wohnen die schönen und die schaurigen Geschichten. Wie unschuldig sich noch Heine angesichts derer liest, die mit den „Verkündigungen universeller Harmonien"[380] blutigen Ernst machten. Irgendwer will schon wieder Stalin erkennen. Ansonsten die üblichen Verwechselungen: „Das ist doch der, der die deutsche Zerstückelung beendet hat. Passt doch zur deutschen Einheit? Also zu der von heute." Und die Russen hat Hindenburg – nicht Bismarck – ja auch abgewehrt, für die Ostpreußen und die Polen, die Balten und die Ukrainer. Für alle zusammen.

Anhang

Anmerkungen

1 Die Geschichte verdanke ich der Tochter des Kastellans. Steinbach, Hindenburg in der Grube.

2 Vgl. Demandt, Apseudestata, S. 16.

3 Dirk Peitz, Mahnmale des Widerspruchs, in: Zeit-Online, 30.06.2020.

4 Vgl. Gustav Seibt, Verschwundenheiten. Nach dem Ausbruch des Holzvulkans. Nachwort zu Hans Pleschinski, Der Holzvulkan. Ein deutscher Festbrief, München 2014, S. 85–95.

5 Vgl. Friedrich Nietzsche, Die Philosophie im tragischen Zeitalter der Griechen, Vorwort, in: KSA, Bd. 1, S. 799–872.

6 Vgl. Haffner, Geschichte eines Deutschen, S. 170–173.

7 Golo Mann, Plädoyer für die historische Erzählung, in: ders., Wissen und Trauer. Historische Porträts und Skizzen, hg. von Wolfgang Mertz u. Karin Schlapp, Leipzig 1991, S. 332–343.

8 Jacob Burckhardt, Weltgeschichtliche Betrachtungen. Mit einer Einleitung und textkritischem Anhang von Rudolf Stadelmann, Pfullingen 1949, S. 31.

9 Vgl. Demandt, Geschichte bei Goethe.

10 Lenin, Über Hegelsche Dialektik. Ausgewählte Texte, Leipzig 1986, S. 222.

11 Winfried Speitkamp, Denkmalsturz und Symbolkonflikt in der modernen Geschichte, in: ders.: Denkmalsturz, S. 5–21, hier S. 5.

12 Hermann Lübbe, Zukunft der Erinnerung, S. 14.

13 Friedrich Nietzsche: Vom Nutzen und Nachtheil der Historie für das Leben, in: KSA 1, S. 243–334, hier 269 f.

14 Ebd.

15 Zum Nostalgiebegriff vgl. Tobias Becker/Sabine Stach, Nostalgie. Historische Annäherungen an ein modernes Unbehagen, in: Zeithis-

torische Forschungen/Studies in Contemporary History, 18 (2021) 1, S. 7–20.

16 Odo Marquard, Apologie des Zufälligen, S. 105.

17 Vgl. Hans-Werner Hahn, Geschichte des deutschen Zollvereins, Göttingen 1984. Ders., Die industrielle Revolution in Deutschland, 3., erweiterte Auflage, München 2011.

18 Vgl. Hedwig Richter, Demokratie. Eine deutsche Affäre, München 2020.

19 Alexander Demandt: Vandalismus. Gewalt gegen Kultur, Berlin 1997. Zur Debatte um das Braunschweiger Kolonialdenkmal siehe: https://kolonialdenkmal-braunschweig.de (21.02.2024).

20 Vgl. Deutsche Erinnerungsorte.

21 Vgl. Hermann Lübbe, Geschichtsbegriff und Geschichtsinteresse, S. 318.

22 Schleef, Gertrud, S. 145.

23 Koselleck, Einleitung zu: Der politische Totenkult, S. 13.

24 Vgl. Ritter, Notizhefte, S. 152.

25 Christian Meier, Das Problem eines Berliner Denkmals, in: ders., Verschwinden der Gegenwart, S. 96–122.

26 Vgl. Sabrow, Zeitenwenden, S. 58.

27 Vgl. François, Die Wartburg, in: Deutsche Erinnerungsorte, Bd. II, S. 154–170. Auch bei Neil MacGregor gibt es viel Weimar, aber keinen Kyffhäuser. Ders., Erinnerungen einer Nation, München 2015. Eingehend nur Herfried Münkler, Die Deutschen und ihre Myten, S. 37–68.

28 Ähnliche Zustandsbeschreibungen bei Wolfgang Koeppen, Tauben im Gras, Stuttgart 1951.

29 Vgl. Marion Detjen, Die Mauer, in: Sabrow, Erinnerungsorte der DDR, S. 389–402.

30 Vgl. Assmann, Das Gedächtnis der Orte, S. 63. Vgl. auch das Konzept: Geschichtslandschaften, hg. von Bernd Ulrich Hucker, Eugen Kotte, Berlin u. a. 2020.

31 Vgl. Nipperdey, Nationalidee und Nationaldenkmal.

32 Nipperdey, Deutsche Geschichte 1866–1918, Bd. II, S. 905. Vgl. Paul Nolte, Lebens Werk. Thomas Nipperdeys Deutsche Geschichte. Biografie eines Buches, München 2018.

33 Vgl. Reinhart Koselleck, Einleitung zu: Der politische Totenkult.

34 Vgl. Schulte, Veteranen, S. 91.

35 Nipperdey, Nationalidee und Nationaldenkmal.

36 Vgl. Matthias Steinbach, Abgrund Metz. Kriegserfahrung, Belagerungsalltag und nationale Erziehung im Schatten einer Festung 1870/71, München 2002, S. 60.

37 Roland Barthes, Mythen des Alltags, S. 11. Zum wandelbaren Barbarossa-Mythos auf dem Kyffhäuser vgl. Kaul, Friedrich Barbarossa im Kyffhäuser, Bd. 1, S. 753–767.

38 Münkler, Die Deutschen und ihre Mythen, S. 38 f. Vgl. auch Berg, Heldenbilder und Gegensätze, S. 41 f.

39 Eberhardt, Kyffhäuserburgen in Geschichte und Sage. Vgl. auch Kaul, Friedrich Barbarossa im Kyffhäuser. Raßloff, Barbarossa, S. 47 f.

40 Behm-Blancke, Höhlen, Heiligtümer, Kannibalen.

41 Schleef, Gertrud, S. 191.

42 Emanuel Stickelberger, Tile Kolup. Eine Bettlerkomödie in 12 Bildern. Steinkopf, Stuttgart 1934. Vgl. auch Schreiner, Die Stauffer in Sage, Legende und Prophetie, S. 255.

43 Münkler, Die Deutschen und ihre Mythen, S. 39.

44 J. und W. Grimm, Deutsche Sagen, S. 29. Schreiner, Die Stauffer in Sage, Legende und Prophetie, S. 260.

45 Zit. n. Ritter, Notizhefte, S. 125.

46 Vgl. Ernst Bloch, Thomas Münzer als Theologe der Revolution, Frankfurt am Main 1976, S. 228.

47 Fühmann an Konrad Reich, 1. Juli 1974, in: Franz Fühmann, Briefe 1950–1984, hg. von Hans-Jürgen Schmitt, Rostock 1994, S. 143 f.

48 Fühmann an Ingrid Prignitz. Zit. nach Uwe Wittstock, Franz Fühmann. Wandlung ohne Ende …

49 Vgl. Tübkes Arbeitstagebücher. Ders., Mein Herz empfindet optisch, S. 295 f. u. 329–343.

50 Friedrich Engels, Herrn Eugen Dührings Umwälzung der Wissenschaft („Anti-Dühring"), in: MEW 20, S. 5–303, hier S. 264.
51 Golo Mann, Bad Frankenhausen, S. 67–69.
52 Ebd.
53 Tübke, Mein Herz empfindet optisch, S. 349 f.
54 Eingeweiht wurde es im September 1989. Vgl. Werner Tübke: Mein Herz empfindet optisch, S. 374 f.
55 Ritter, Notizhefte, S. 69.
56 Vgl. Eduard Beaucamp, Im Kreuzfeuer des deutschen Bilderstreits, S. 113–120.
57 Thüringer Allgemeine, 24.08.2000.
58 Vgl. Raßloff, Barbarossa.
59 Madame de Stael, Über Deutschland, Frankfurt am Main 1985, S. 23 f.
60 Vgl. Assmann, Gedächtnis der Orte, S. 68–71.
61 Joachim Ringelnatz, Überall ist Wunderland. Mit einem Nachwort von Lothar Kusche, Berlin 1964, S. 165.
62 Caroline an Wilhelm von Humboldt, 19. Oktober 1815. Zit. nach Ritter, Notizhefte, S. 154.
63 Vgl. Berg, Heldenbilder und Gegensätze, S. 96 f.
64 Zit. bei Volker Rodekamp, Geschichtsort Kyffhäuser. Konzept für eine Ausstellung im Besucherzentrum und Kyffhäuser-Burganlagen mit Kaiser-Wilhelm-Denkmal, Leipzig 2020.
65 Vgl. Deutsche Erinnerungsorte.
66 Vgl. Sabrow, Erinnerungsorte der DDR. Zumindest Tübkes Panorama hätte unter die Rubrik Herrschaftskultur oder auch nur als Ausdruck einer großen neben die vielen kleinen Fluchten gehört.
67 Vgl. Oschmann, Osten.
68 Über deren Wissensvermittlung wissen wir erstaunlich wenig. Vgl. Pyta, Hindenburg, Kap. I.
69 Vgl. Cioran, Lehre vom Zerfall, S. 98.
70 Haffner, Geschichte eines Deutschen, S. 53 f.
71 Barthes, Mythen des Alltags, S. 310.
72 Vgl. Stefan Matuschek, Der gedichtete Himmel. Eine Geschichte der Romantik, München 2021.

73 Zit. nach Gunther Mai, Denkmallandschaft Kyffhäuser, in: Deutsche Erinnerungslandschaften (= Beiträge zur Regional- und Landeskultur Sachsen-Anhalts 32), Halle 2004, S. 153–170, hier S. 153–155.

74 Zit. nach Berg, Heldenbilder und Gegensätze, S. 84 f.

75 Vgl. Richter, Demokratie.

76 Heinrich Heine, Deutschland. Ein Wintermärchen. Bilder von Hans Traxler, hg. von Werner Bellmann, Stuttgart 2011, S. 74 (Caput XV).

77 Vgl. Albert Wesselski, Der Schmied von Jüterbog im Kiffhäuser, in: Zeitschrift für Volkskunde 46 (1936/37), S. 198–218. Vgl. auch Raßloff, Barbarossa, S. 56–59.

78 Vgl. Berg, Heldenbilder und Gegensätze, S. 114–122. Vgl. auch Raßloff, Barbarossa, S. 74–80.

79 Nietzsche, David Strauss – der Bekenner und der Schriftsteller, in: KSA, Bd. 1, S. 157–242, hier S. 159 f.

80 Vgl. Axthelm u. a., Burghof im Wandel, S. 10–13.

81 Vgl. Raßloff, Barbarossa, S. 61–64.

82 Vgl. Lutz Engelskirchen, Denkmal im politischen Raum. Das Kaiser-Wilhelm-Denkmal am Deutschen Eck in seinem Jahrhundert, 2. Bde., Berlin 2016.

83 Ritter, Notizhefte, S. 77.

84 Vgl. Nipperdey, Nationalidee und Nationaldenkmal.

85 Nietzsche, Vom Nutzen und Nachteil der Historie für das Leben, in: KSA, Bd. 1., S. 279.

86 Heil dem Kaiser, 1871. Vgl. Kaul, Friedrich Barbarossa im Kyffhäuser, Bd. 1, S. 348 f. Vgl. auch Elisabeth Fehrenbach, Wandlungen des deutschen Kaisergedankens (1871–1918), München 1969.

87 Nietzsche, Friedrich: Nachgelassene Fragmente, April – Juni 1885, in: KSA, Bd. 11, S. 458.

88 Vgl. Herfried Münkler, Vorlesungsreihe an der Uni Mainz, SS 2018: „Das politische Denken. Politische Ideengeschichte und die großen Herausforderungen unserer Gegenwart in zehn Erkundungsschritten“, Teil II: Die Nation und ihre Folgen, https://www.magazin.uni-mainz.de/9230_DEU_HTML.php (21.12.2023).

89 Vgl. Mai: „Für Kaiser und Reich“, S. 150.

90 Vgl. Hans-Werner Hahn, „Ohne Jena kein Sedan". Die Erfahrung der Niederlage von 1806 und ihre Bedeutung für die deutsche Politik und Erinnerungskultur des 19. Jahrhunderts, in: Historische Zeitschrift 285 (2007), H 3, S. 599–642.

91 Zit. nach Brune/Baumunk, Wege der Popularisierung, in: Zeit der Staufer, Bd. III, S. 328.

92 Simplicissimus, 1. April 1907, Verf. Edgar Steiger.

93 Vgl. Gangolf Hübinger, Kulturprotestantismus und Politik. Zum Verhältnis von Protestantismus und Liberalismus im wilhelminischen Deutschland, Tübingen 1994.

94 Sieglinde Seele/Günter Kloss, Bismarck-Türme und Bismarck-Säulen. Eine Bestandsaufnahme, Petersberg 1997.

95 Morgenröthe, in: KSA, Bd. 3, S. 9–331, hier S. 158.

96 Stenographische Berichte über die Verhandlungen des Reichstages, V. Legislaturperiode, I. Session (1881/82), Berlin 1882, S. 1 f.

97 Schriftliche Auskunft Bodo Krakowski (Helmstedt, pensionierter AOK-Chef) vom 31.01.2023.

98 Vgl. Diethelm Keil, Der Botschaftsgedenkstein im Kyffhäuser. Eine Festschrift anläßlich der Wiedereinweihung im Jahre 1993, Thedinghausen 1993.

99 Entworfen von Emil Hundrieser. Vgl. Rödger, Kyffhäuser, S. 41–44. Vgl. auch Axthelm u. a., Burghof im Wandel, S. 12.

100 Otto von Bismarck, Dokumente seines Lebens 1815–1898, hg. von Heinz Wolter, Leipzig 1986, S. 265.

101 Ritter, Notizhefte, S. 72 f.

102 Vgl. Schenk: Tannenberg/Grunwald, in: Deutsche Erinnerungsorte, Bd. I., S. 438–454.

103 Vgl. Stefan Zweig, Der versiegelte Zug, in: ders., Sternstunden der Menschheit, S. 251–264, hier S. 258.

104 Vgl. Ludendorff, Kriegserinnerungen

105 Hindenburg-Denkmal.

106 Generalmajor Nicolai, Der Kampf um Troja im Weltkriege, in: Hindenburg-Denkmal, S. 283–289.

107 Ebd., S. 415.

108 Zit. nach Ludwig, Hindenburg, S. 68 f.

109 Vgl. Karl Riha, Politisch engagierte Lyrik um die Wende vom 19. ins 20. Jahrhundert. In: Geschichte der politischen Lyrik in Deutschland, hg. von Walter Hinderer, Würzburg 2007, S. 249–269, hier S. 255.

110 Hindenburg-Denkmal, S. 387 (Abb.).

111 Vgl. Kreyer u. a., Burghof – Schauplatz deutscher Geschichte, S. 21.

112 Vgl. Sebastian Haffner, Die sieben Todsünden des deutschen Reiches im Ersten Weltkrieg, Hamburg 1964.

113 Vgl. Machtan, Kaisersturz, S. 38 f. u. 76.

114 Bildnis Hugo Vogels von 1915. Zu den Differenzen mit Ludendorff vgl. Ludwig, Hindenburg, S. 69–74.

115 Hindenburg-Denkmal, S. 280 f.

116 Autor des Beitrags war der Kriegsschuldforscher Bernhard Schwertfeger. Vgl. Führertum. 26 Lebensbilder von Feldherren aller Zeiten, hg. von Friedrich von Cochenhausen. Mit einem Geleitwort. des Reichskriegsministers von Blomberg, 3. Aufl., Berlin 1937, S. 384–409.

117 Vgl. Ruge, Hindenburg, S. 244 f.

118 Vgl. Detlef Felken, Oswald Spengler. Konservativer Denker zwischen Kaiserreich und Diktatur, München 1988, S. 28.

119 Vgl. Häckels Briefe an Uslar-Gleichen, in: Das ungelöste Welträtsel, Bd. III, hg. von Norbert Elsner, Göttingen 2000, S. 1106–1112.

120 Alexander Cartellieri, Grundzüge der Weltgeschichte, 2. Aufl., Leipzig 1922, S. 237.

121 Karl Kraus, Die letzten Tage der Menschheit, Berlin 1971, 6. Szene: Kommers. Hindenburg-Feier.

122 Zur Debatte: https://www.sueddeutsche.de/muenchen/wolfratshausen/dietramszell-und-das-hindenburg-erbe-loesungen-und-erloesungen-1.4705130 (21.02.2021).

123 Pyta, Hindenburg, passim. Verfasser dankt Wolfram Pyta für mündliche und schriftliche Auskünfte.

124 Vgl. Jörn Leonhard, Der überforderte Frieden. Versailles und die Welt 1918–1923, München 2018, S. 25.

125 Vgl. Herbert Michaelis (Hg.), Ursachen und Folgen. Vom deutschen Zusammenbruch 1918 und 1945 bis zur staatlichen Neuordnung

Deutschlands in der Gegenwart. Eine Urkunden- und Dokumentensammlung zur Zeitgeschichte, Bd. 12, Berlin 1979, S. 395.

126 Vgl. Thamer, Straßennamen in der öffentlichen Diskussion, S. 262.

127 Zur Reichskanzleralternative Georg Strasser vgl. Pyta/Orth, Nicht alternativlos.

128 Hannoversche Allgemeine Zeitung, 2.10.2015, S. 18.

129 Hedwig Richter im Gespräch mit Sandra Schulz, 28.02.2020, https://www.deutschlandfunk.de/aberkannte-ehrenbuergerschaft-in-berlin-hindenburg-steht-100.html (28.01.2024).

130 1946 als „Fall Hindenburg" in den regionalen und überregionalen Medien: Hussong, Hindenburg in Marburg.

131 Vgl. Thamer, Straßennamen in der öffentlichen Diskussion, S. 261.

132 Die Streichung erfolgte durch Senatsbeschluss im März 2023. Siehe: Universität Münster künftig ohne Kaiser Wilhelm II., https://www.faz.net/aktuell/feuilleton/debatten/universitaet-muenster-streicht-wilhelm-aus-ihrem-namen-18802964.html (05.04.2023).

133 Vgl. Demandt, Apseudestata, S. 57.

134 https://www.wn.de/Muenster/2012/02/Fragebogenaktion-zur-Umbenennung-Institut-EMNID-Fragestellung-zum-Hindenburgplatz-ist-nicht-fair; https://www.wn.de/Muenster/2012/02/Pro-und-Kontra-Streitfall-Hindenburgplatz-Zwei-Historiker-zwei-Meinungen (28.01.2024.)

135 Lessing, Hindenburg, S. 69.

136 Ruge, Hindenburg, S. 173 ff.

137 Schulte, Veteranen, S. 92 f.

138 Mitteilungsblatt des deutschen Bundes Heimatschutz (1921). Nds. Landesarchiv Wolfenbüttel, Best. 127 Neu, Nr. 4692: Kriegerdenkmäler Braunschweiger Land.

139 Hermann Hosaeus, Der granitene Hindenburg, in: Hindenburg-Denkmal für das deutsche Volk, hg. von Paul Lindenberg, Teil 1, Berlin 1938, S. 32–34.

140 Vgl. Clark, Preußen, S. 768–772. Demandt, Vandalismus, S. 200–204.

141 Demandt, Vandalismus, S. 201. Hodlers monumentales Jenaer Wandgemälde war 1914 weit mehr gefährdet als nach 1945. Vgl. Steinbach,

Der Fall Hodler. Krieg um ein Gemälde 1914–1919, 2. Aufl., Berlin 2022.

142 Ingeborg Richter/Wolfgang Kaelcke, Das Moltke-Denkmal in Parchim. Eine Dokumentation, Parchim 1995.

143 So Stalin nach der deutschen Niederlage von Stalingrad im Februar 1942. Vgl. Jürgen Kuczynski, Die Sprache J. W. Stalins, in: Die Wahrheit Nr. 295, 24.12.1952.

144 Vgl. Thamer, Von der Monumentalisierung zur Verdrängung.

145 Schön in Hans-Georg Gadamers Auseinandersetzung mit Stalins Kulturoffizieren an der Universität Leipzig erkennbar: Vgl. Matthias Steinbach, „Also sprach Sarah Tustra". Nietzsches sozialistische Irrfahrten, Halle 2020, S. 35 f. Vgl. auch Raphael Stübe, Kaiser-Wilhelm-Denkmäler. Gruseln am deutschen Größenwahn, FAZ, 20.08.2017.

146 Vgl. u. a. Bernd Lindner: Die Generation der Unberatenen. Zur Generationenfolge in der DDR und ihren strukturellen Konsequenzen für die Nachwendezeit, in: Die DDR aus generationengeschichtlicher Perspektive. Eine Inventur, hg. von Annegret Schüle, Thomas Ahbe u. Rainer Gries, Leipzig 2006, S. 93–112.

147 Vgl. Demandt, Apseudestata, S. 46.

148 LATh – StA Rudolstadt: Hindenburgdenkmal auf dem Kyffhäuser.

149 Siehe Bildteil.

150 Schneider, Hindenburg in Hannover, S. 307–312.

151 Vgl. Schulte, Veteranen, S. 90–92.

152 Auskunft Dr. Ulrich Hahnemann, Regionalmuseum Bad Frankenhausen, 24. Februar 2021, dem der Verf. für Hinweise und Bildmaterial zum Thema dankt.

153 Vgl. Schulte, Veteranen der Ersten Weltkrieges, S. 151–156.

154 Die Familiengeschichte schrieb sein Sohn Eugen Ruge: In Zeiten des abnehmenden Lichts. Roman einer Familie, Reinbek bei Hamburg 2011.

155 Ruge, Hindenburg. Porträt eines Militaristen.

156 Ebd., S. 433.

157 Helmut Reinalter: Dolchstoßlegende, in: ders. (Hg.): Handbuch der Verschwörungstheorien, Leipzig 2018, S. 92 f.

158 Hindenburg, Aus meinem Leben, S. 403.

159 Eingehend dazu: Krumeich, Die unbewältigte Niederlage. Vgl. auch Sebastian Rojek, Der erwartete Dolchstoß. Die „Dolchstoßlegende" und die Dynamik von Erwartung und Erfahrung, 1914–1945, in: Pyta (Hg.), Krieg und Revolution, S. 1–52.

160 Goltz, Hindenburg.

161 Hedwig Richter dachte weniger an ihn, aber auch sein Wirken passt zu ihrer These. Vgl. dies., Demokratie.

162 Vgl. Sebastian Haffner, Geschichte eines Deutschen, S. 67 f.

163 Karl Kraus: Worte in Versen VIII, Wien/Leipzig 1925, S. 6.

164 Vgl. Leonhard, Der überforderte Frieden, S. 892 f.

165 Vogel, Erlebnisse, S. 56 f.

166 Vgl. Ludwig, Hindenburg, S. 181.

167 Lessing, Hindenburg, S. 66 f.

168 Ebd.

169 Zit. nach Marcuse, Jahrhundert, S. 188.

170 Golo Mann, Deutsche Geschichte, S. 107 f.

171 DENKMAL: Erinnerung, Mahnung, Ärgernis: Das Hindenburg-Denkmal. Schülerarbeit 1992.

172 Vgl. Sabrow: Die DDR erinnern, in: ders.: Erinnerungsorte der DDR, S. 11–27, hier S. 18.

173 Vgl. Schlesinger, Die Spaltung Amerikas, Kap. Geschichte als Waffe.

174 Denkmal: Erinnerung – Mahnung – Ärgernis.

175 Ebd.

176 Das Hindenburg-Denkmal. Arbeitsergebnisse des Schülerprojekts von 1992/93 (Material bei der Schulleitung des Kyffhäusergymnasiums Bad Frankenhausen).

177 Friedrich Adolph Diesterweg, Wegweiser zur Bildung für Lehrer und die Lehrer werden wollen, und methodisch-praktische Anweisung zur Führung des Lehramtes, Essen 1835.

178 Mit der These der Exterritorialisierung westlicher Defizite in östliche Gefilde vgl. Oschmann, Der Osten.

179 Die privatim gemachten Äußerungen des Springer-Chefs Mathias Döpf-

ner, Ossis seien „entweder Kommunisten oder Faschisten" und würden „nie Demokraten" (veröffentlicht zuerst in der ZEIT 4/2023), passen zu dieser gefühlten Wahrnehmung in den Eliten der alten Bundesrepublik.

180 Vgl. Marquard, Apologie des Zufälligen, S. 107.

181 Johann Michael Möller, Deutschland braucht dringend eine Idee von sich, in: Neue Züricher Zeitung, 11.02.2021.

182 Gedicht von André Stöhr, in: Grenzwerte. Schüler des „Fallstein-Gymnasiums" Osterwieck erzählen, hg. von Bernd von der Heide, 2. Aufl., Wolfenbüttel 1995, S. 74.

183 Vgl. Lübbe, Der Fortschritt und das Museum.

184 Vgl. Martin Sabrow, Nostalgie als historisches Zeitwort.

185 Ders., Zeitenwenden, S. 85.

186 Frau Tölle danke ich für eingehende Gespräche und die gewährte Einsicht in die Projektunterlagen.

187 Axthelm u. a., Burghof im Wandel. Kreyer u. a., Burghof – Schauplatz deutscher Geschichte.

188 Vgl. Pünder, Von Preußen nach Europa, S. 82.

189 Hindenburg-Denkmal, S. 448.

190 Vgl. Cioran, Lehre vom Zerfall, S. 94 f.

191 LATh – StA Rudolstadt, Hindenburgdenkmal auf dem Kyffhäuser. Vgl. hierin diverse Schreiben und Pläne vom April/Mai 1939 sowie das ‚Minutenprogramm' der Einweihungsfeier (Blatt 52).

192 Vgl. Nietzsche, Nachgelassene Fragmente, Sommer – Herbst 1873, in: KSA, Bd. 7, 685 f.

193 Nietzsche, Götzen-Dämmerung, in: KSA, Bd. 6, S. 55–161, hier S. 65 f.

194 Wolfe, Deutschlandreise, S. 198.

195 Wolfram Pyta sieht Hitlers latentes Künstlertum als entscheidend für sein politisches und militärisches Wirken. Vgl. ders., Hitler. Der Künstler als Politiker.

196 Nietzsche, Die fröhliche Wissenschaft, in: KSA, Bd. 3, S. 343–651, hier S. 595 f.

197 Matthias Steinbach, Hindenburg auf dem Kyffhäuser. Geschichtspolitisches aus dem wilden Osten, 4 (2010), S. 695–700.

198 Vgl. Martin Sabrow, Der „Tag von Potsdam".

199 Bruno H. Bürgel, Vom täglichen Ärger – Ein Lesebuch für Zornige, Eilige, Huschelpeter und lächelnde Philosophen. Leipzig 1941, S. 27.

200 BArch Berlin, Bestand Film: K-82536, 29.03.1933.

201 Vgl. Ludwig, Hindenburg, S. 19.

202 LTI, S. 23 f.

203 Vgl. Clark, Preußen, S. 745.

204 Vgl. Sabrow, Der „Tag von Potsdam".

205 Ebd., S. 47 f.

206 Vgl. Sebastian Haffner, Preußen ohne Legende, Hamburg 1981, S. 498 f. Vgl. auch Clark, Preußen, S. 37 f.

207 Vgl. Friedrich Christian Delius, Warum ich schon immer Recht hatte – und andere Irrtümer. Ein Leitfaden für deutsches Denken, Berlin 2003, S. 97–99.

208 Haffner, Geschichte eines Deutschen, S. 125.

209 Klemperer, Ich will Zeugnis ablegen, S. 17.

210 Vgl. Hoegen: Held von Tannenberg, S. 394–96.

211 Vgl. Krumeich: Rezension zu Anna von der Goltz, Hindenburg, in: Süddeutsche Zeitung, 15.02.2010.

212 Max Weber, Wirtschaft und Gesellschaft. Grundriß der verstehenden Soziologie, 5. Aufl., Tübingen 1972, S. 124 (Kap. III, § 2).

213 Vgl. Pyta, Hindenburg, S. 855–871.

214 Vgl. Kriegerzeitung, 22.03.1925, zit. n. Schulte, Veteranen, S. 152.

215 Zit. n. Schulte, Veteranen des Weltkrieges, S. 159.

216 Vgl. Stefan Aust, Hitlers erster Feind. Der Kampf des Konrad Heiden, Reinbek bei Hamburg 2016, S. 167.

217 Vgl. Statistisches Reichsamt 1932: Die Wahl des Reichspräsidenten am 13. März und 10. April 1932. Statistik des Deutschen Reichs, Bd. 427, Berlin, S. 7.

218 Ludwig Holländer, Direktor des Central-Vereins, in der C. V.-Zeitung vom 9.02.1933.

219 Goltz: Hindenburg. Vgl. auch Rezension dazu von Gerd Krumeich: Sie liebten ihn alle. Süddeutsche Zeitung, 15.02.2010.

220 Vgl. Mai, Denkmallandschaft Kyffhäuser, S. 163 f.

221 Meissner, Staatssekretär, S. 324 f.

222 Haffner, Geschichte eines Deutschen, S. 193.

223 Von Hoegen, Held von Tannenberg, S. 383 ff.

224 Meissners Memoiren widersprechen dem ganz entschieden. Ders., Staatssekretär, S. 213 f. Vgl. auch Pyta, Hindenburg, S. 835 f.

225 Vgl. Hirte, Witz, S. 97.

226 Wolfram Pytas Thesen gehen in eine andere Richtung. Hindenburg sei danach bis ins hohe Alter ein zurechnungsfähiger und verantwortlicher Politiker gewesen und nicht nur biederer ‚Soldat'. Ähnlich betont Heinrich August Winkler die Handlungsspielräume des Reichspräsidenten, der Schleicher nicht habe entlassen, Brüning nicht durch Papen ersetzen, Hitler nicht zum Reichskanzler machen müssen. Ders., Der lange Weg nach Westen, Bd. 1, S. 549 ff.

227 Bezieht sich auf zahllose Briefmarken mit Hindenburgs Konterfei. Vgl. Gerold Niemetz, Anekdoten und Karikaturen für den Geschichtsunterricht, 2. Aufl., Stuttgart 1991, S. 84 f.

228 Geschichte, Lehrbuch für Kl. 9, Ausgabe 1970, 12. Aufl., Berlin 1981, S. 118 u. 140.

229 Vgl. Georg Eckert, Die zwanziger Jahre. Das Jahrzehnt der Moderne, Münster 2020, S. 28 f.

230 Zeiten und Menschen, Bd. 4: Zeitgeschichte, bearbeitet von Joachim Immisch, Paderborn 1985, S. 54 ff.

231 Histoire/Geschichte, Teil II: Europa und die Welt vom Wiener Kongress bis 1945, hg. von Daniel Henri u. a., Stuttgart/Leipzig 2014, S. 246, 262, 372.

232 EUROPA – Unsere Geschichte, Bd. 4, Wiesbaden 2020, S. 37 f.

233 Geschichte, Lehrbuch für Kl. 9, Ausgabe 1970, S. 140; Ausgabe 1988, 2. Aufl., Berlin 1989, S. 86 f., 105.

234 Johannes R. Becher, Walter Ulbricht. Ein deutscher Arbeitersohn, Berlin 1958, S. 126.

235 Vgl. Cioran, Lehre vom Zerfall, S. 128 f.

236 Pyta/Orth, Nicht alternativlos.

237 Zit. n. einer posthum veröffentlichten Niederschrift Ewald von Kleist-Schmenzin von 1934: Die letzte Möglichkeit. Zur Ernennung Hit-

lers zum Reichskanzler am 30. Januar 1933, in: Politische Studien 10 (1959), S. 89–92, hier S. 92.

238 Pünder, Von Preußen nach Europa, S. 133 f.

239 Vgl. Sebastian Haffner, Im Schatten der Geschichte. Historisch-politische Variationen aus zwanzig Jahren, München 1987, S. 133 f.

240 Vgl. Pyta, Hitler. Der Künstler als Politiker.

241 Haffner, Geschichte eines Deutschen, S. 88.

242 Marcuse, Jahrhundert, S. 143.

243 Ferdinand Sauerbruch, Das war mein Leben, München 1960, S. 520.

244 Ludwig, Hindenburg, S. 21. Clark teilt die These vom „ewigen Dienst" nicht. Vgl. ders., Preußen, S. 742 f.

245 Vgl. Pyta, Hindenburg, S. 871.

246 Friedrich Baun, Er ist unser Leben, 4. Aufl., bearb. von Martin Haug, Stuttgart 1937, S. 602. Zit. nach Ernst Jünger, Letzte Worte, hg. von Jörg Magenau, Stuttgart 2013, S. 68.

247 Vgl. die Sprachanalysen bei Victor Klemperer, LTI. Notizbuch eines Philologen, Leipzig 1975.

248 Vgl. Christopher Clark, Von Zeit und Macht, München 2018, S. 211–216.

249 Wolfram Wette, Die propagandistische Begleitmusik zum Überfall, S. 123.

250 Arno J. Mayer: Der Krieg als Kreuzzug. Das Deutsche Reich, Hitlers Wehrmacht und die „Endlösung", Reinbek 1989, S. 340.

251 In Hitlers Mein Kampf gegen den „ewigen Zug nach Süden" so exponiert. Vgl. Berg, Heldenbilder und Gegensätze, S. 223 f.

252 Vgl. Friedrich Schneider: Die neueren Anschauungen der deutschen Historiker über die deutsche Kaiserpolitik des Mittelalters, 6. Auflage, Weimar 1943. SS-Führer Himmler hatte mit einem dem Barbarossa-Unternehmen zugeordnetem Programm Heinrich in Osteuropa durchzuführende Aktionen sowie Kolonisations- und Siedlungspläne geplant. Siehe: https://de.wikipedia.org/wiki/Programm_Heinrich#cite_note-1 (20.12.2023).

253 BStU MfS XXII/AKG/Koord.; Rückflussinformation „Kyffhäuserbund e. V.", Halle. 22.10.1985.

254 Mai: Denkmallandschaft Kyffhäuser, S. 164.

255 Diverse SS-Dienststellen gab es spätestens seit 1943. Vgl. Kreyer u. a., Burghof – Schauplatz deutscher Geschichte, S. 34 f.

256 Kontrollratsdirektive Nr. 30: Beseitigung deutscher Denkmäler und Museen militärischen und nationalsozialistischen Charakters vom 13. Mai 1946.

257 Vogel, Erlebnisse, S. 25 ff.

258 Recherche fiele heute unter die Rubrik festgestellter „Kontaktschuld", hier eines Berges.

259 Manuskript Ploenus zu Herbert Gottwald und dem Ausstellungsprojekt von 1996.

260 Rülpst zufrieden. Das teutonische Monument auf dem Kyffhäuser wurde hundert Jahre alt und wiederentdeckt – als Symbol Europas, in: Der SPIEGEL, 26/1996.

261 Gottwald: Kaiserdenkmal im Sozialismus, S. 235.

262 Lexikon zur Parteiengeschichte. Die bürgerlichen und kleinbürgerlichen Parteien und Verbände in Deutschland, hg. von Dieter Fricke u. a., 4 Bde., Leipzig 1983–1986 (Lizenzausgabe Pahl-Rugenstein, Köln).

263 Vgl. Thomas Pester, Des Vaterlandes Hoffnung. Der „Ehrenbürger" Hindenburg und der Streit um die Farben, in: Uni Journal Jena, Sonderausgabe Senatskommission, Mai 2004, S. 15–17.

264 Herbert Gottwald, Michael Ploenus und Katja Rauchfuß: Aufbruch – Umbruch – Neubeginn. Die Wende an der Friedrich-Schiller-Universität Jena 1988 bis 1991, Rudolstadt 2002.

265 Manuskript Michael Ploenus zu Herbert Gottwald und dem Ausstellungsprojekt von 1996.

266 Anna Luise von Schwarzburg. Ein Leben in Bildern aus ihrem fotografischen Nachlass. Ausgewählt und kommentiert von Doreen Winker unter Mitarbeit von Dieter Marek, Rudolstadt 2005, S. 184 f.

267 Kreyer u. a., Burghof – Schauplatz deutscher Geschichte, S. 32.

268 Später geschwärzt weiterverwendet. LATh-HStA Weimar, Land Thüringen, Büro des Ministerpräsidenten, Nr. 1824, Bl. 160–162.

269 Vgl. Axthelm u. a., Burghof im Wandel, S. 41.

270 Mail Joachim Heuer vom 21.02.2022.

271 Nur einige wenige verirrte Brandbomben trafen den Berg. https://www.regionalmuseum-bfh.de/kriegsende-1945 (21.09.2023): Ingrid Mansel/Ulrich Hahnemann, Kriegsende 1945 – Schicksalstage unserer Stadt.

272 Landesarchiv Thüringen – Hauptstaatsarchiv Weimar (LATh – HStA Weimar), Land Thüringen, Ministerium für Volksbildung, Nr. 4128, Bl. 283.

273 Arkadi Waksberg: „Gnadenlos". Andrei Wyschinski – Mörder im Dienste Stalins, Bergisch-Gladbach 1991.

274 LATh – StA Rudolstadt, Hindenburgdenkmal auf dem Kyffhäuser, 613, Bl. 90: Schreiben des Staatshochbauamts Sondershausen an den Kreisrat des Kreises Sondershausen vom 29.07.1947.

275 https://www.spiegel.de/panorama/bristol-kuenstler-stellt-statue-von-demonstrantin-der-black-lives-matter-bewegung-auf-a-e761d3e3f7bb-4215-a760-15620c9c7444 (30.05.2021).

276 Vgl. Barbara Thums, ‚Ende der Kunstperiode?' Heinrich Heines „Florentinische Nächte", in: Heine-Jahrbuch 2007, S. 46–66.

277 Neuer Spuk am alten Denkmal. Was geht auf dem Kyffhäuserberg vor. Kaiser Wilhelm und ‚Heil Hitler', in: Berliner Zeitung, 16. Mai 1950. Zit. nach Gottwald: Kaiserdenkmal im Sozialismus, S. 248 f.

278 LATh – HStA Weimar, Land Thüringen, Ministerium Wirtschaft und Arbeit, Nr. 2928, Bl. 20–23.

279 Geschichte, Lehrbuch für Kl. 9, Ausgabe 1970, 12. Aufl., Berlin 1981, S. 83.

280 Zum Versuch, das Deutsche Eck in der frühen Bundesrepublik zu einem Einheits- und Freiheitssymbol umzuwandeln: Engelskirchen, Denkmal, Bd. 2, S. 454–472.

281 LATh – HStA Weimar, Land Thüringen, Büro des Ministerpräsidenten, Nr. 1824, Bl. 169. Vgl. auch Gottwald, Kaiserdenkmal im Sozialismus, S. 252.

282 LATh – HStA Weimar, Land Thüringen, Büro des Ministerpräsidenten, Nr. 1824, Bl. 170–173.

283 Oswald Spengler, Preußentum und Sozialismus, München 1919.

284 Vgl. Erbe und Tradition in der DDR. Eine Diskussion der Historiker, hg. von Helmut Meier und Walter Schmidt, Berlin (Ost) 1988.

285 Gottwald, Kaiserdenkmal im Sozialismus, S. 257. Vgl. auch Hans Kugler, Kyffhäuser, Bad Frankenhausen (Tourist-Wanderatlas), Berlin/Leipzig 1983, S. 21.

286 Vgl. Die neue Wache Unter den Linden. Ein deutsches Denkmal im Wandel der Geschichte, hg. von Christoph Stölzl, München 1993.

287 Vgl. Gottwald, Kaiserdenkmal im Sozialismus, S. 252 f.

288 Zit. nach Gottwald, Kaiserdenkmal im Sozialismus, S. 259.

289 Vgl. Koselleck, Einleitung zu: Der politische Totenkult.

290 Ebd.

291 Vgl. Theodor Lessing, Geschichte als Sinngebung des Sinnlosen, München 1919.

292 Vgl. Matthias Steinbach, Kartoffeln mit Flöte, S. 234.

293 Vgl. Klaus Taubert, Die Asche des Stararchitekten Bruno Schmitz: Odyssee einer Urne, SPIEGEL Geschichte, 29.05.2014.

294 Menschliches Allzumenschliches II, in: KSA, Bd. 2, S. 678.

295 Hoegen, Held von Tannenberg, S. 48 ff.

296 Thomas Wolfes typischer Deutscher. Vgl. ders., Deutschlandreise.

297 Brechts neuer Sehepunkt. Vgl. Uwe Kolbe, Rollenmodell eines Dichters, Frankfurt am Main 2016.

298 Vgl. Ludwig, Hindenburg, S. 178.

299 Eduard Beaucamp, Geschichte einer Leidenschaft. Auf den Spuren von Werner Tübke, in: Werner Tübke, „Wer bin ich?", S. 11–30, hier S. 24.

300 BStU MfS XXII/AKG/Koord.; Protokoll zum Missbrauch Kyffhäuserdenkmal (02.01.1985).

301 Dieter Fricke/Werner Bramke, Kyffhäuser-Bund der Deutschen Landeskriegerverbände, in: Lexikon zur Parteiengeschichte. Die bürgerlichen und kleinbürgerlichen Parteien und Verbände in Deutschland (1789–1945), hg. von Dieter Fricke u. a., Bd. 3, Leipzig 1985, S. 325–344.

302 BStU MfS XXII/AKG/Koord., Protokoll/Abschrift, Halle, 21.12.1984.

303 BStU MfS BV Halle BdL/Sach-Nr. 1718: Maßnahmenplan zur vorbeugenden Verhinderung subversiven Missbrauchs des Einreiseverkehrs aus Anlass des 90-jährigen Bestehens des Kyffhäuserdenkmals.

304 Lenin, Der Imperialismus und die Spaltung des Sozialismus (Oktober 1916), in: ders., Werke, Bd. 23, S. 102.

305 Nietzsche, Vom Nutzen und Nachteil der Historie für das Leben, In: KSA, Bd. 1, S. 266.

306 Vgl. Ernst Bloch, Thomas Münzer als Theologe der Revolution, Frankfurt am Main 1967, S. 71–81.

307 FAZ-Magazin, Fragebogen, 23.09.1988, S. 48.

308 Vgl. Christian Raus, Hungern für Bischofferode. Protest und Politik in der ostdeutschen Transformation, Frankfurt am Main 2023.

309 BStU MfS BV Halle RD Sach-Nr. 2461: Gesprächsprotokoll zur Belegung des Ferienheims vom 19.06.1978.

310 Zit. nach Bloch, Münzer, S. 96.

311 Idee bei: Wolfgang Harich, Kommunismus ohne Wachstum? Babeuf und der ‚Club of Rome'; sechs Interviews mit Freimut Duve und Briefe an ihn, Reinbeck bei Hamburg 1975.

312 BStU MfS BV Halle BdL Foto Nr. 131. Für freundliche Zuarbeit danke ich Herrn Christian Dellit.

313 BStU MfS BV Halle RD, Nr. 2256, Bl. 13–17: Betreuungsprogramm für die Urlauber des Komitees für Staatssicherheit der VR Angola und der VDR Jemen vom 13.08.1985.

314 Wenedikt Jerofejew, Die Reise nach Petuschki. Ein Poem, München 1978 [zuerst unter dem Titel ‚Moskwa – Petuschki' in der israelischen Zeitschrift ‚Ani'].

315 Vgl. Raßloff, Barbarossa, S. 72.

316 Vgl. Grabolle u. a., Ur- und Frühgeschichte in Jena, S. 880 f.

317 Vgl. Axthelm u. a., Burghof im Wandel, S. 41. Auskünfte zudem von Petra Wäldchen (Bad Frankenhausen).

318 Deutscher Charakter. Auf dem Kyffhäuser sprießt neues Leben – gespeist vom alten Denken: Der SPIEGEL, 28.10.1990.

319 Ebd.

320 Vgl. Allgemeiner Anzeiger, 16.06.2004. Lokalteil Sömmerda/Artern.

321 In der jüngsten Universitätsgeschichte wird Behm-Blancke als linientreues NSDAP-Mitglied und SD-Günstling eingeführt. Dass sich

dies als haltlose Denunziation eines Kollegen erwies, wird am Ende in einer lapidaren Fußnote eingeräumt. Vgl. Grabolle u. a., Ur- und Frühgeschichte in Jena, S. 894–896 u. 912. Vgl. dazu: Peter Schäfer, ‚Schreiben Sie das auf, Herr Schäfer!' Erinnerungen eines Historikers an seine Universitäten in Berlin und Jena, Jena 2007, S. 105 f. Ploenus, Faszination des reichen Grabes, S. 355–365.

322 Vgl. Martin Sabrow, Die DDR erinnern, in: ders.: Erinnerungsorte der DDR.

323 Theodor Lessing, Hindenburg, S. 68.

324 Verzeichnis einiger Verluste, S. 25.

325 https://berni.fmode.de/wordpress/?p=12951. Blog vom August 2013 (3.10.2020).

326 Kreyer u. a., Burghof – Schauplatz deutscher Geschichte, S. 27 f.

327 Theodor Eschenburg, Staat und Gesellschaft in Deutschland, Stuttgart 1960, S. 647–650.

328 Vgl. Christian Meier, Am Ende der alten Bundesrepublik, in: ders., Verschwinden der Gegenwart, S. 133.

329 Demandt, Apseudestata, S. 39.

330 Lutz Niethammer, Das kritische Potential der Alltagsgeschichte, in: GD 10 (1980), S. 245–247.

331 J. P. Eckermann, Gespräche mit Goethe in den letzten Jahren seines Lebens, Frankfurt am Main 1981, Eintrag vom 12. Mai 1825.

332 Ruge, Hindenburg, S. 432 f.

333 Hussong, Hindenburg in Marburg, S. 220 f.

334 LATh – StA Rudolstadt, Hindenburgdenkmal auf dem Kyffhäuser, 613, Bl. 90 (Rückseite).

335 Egon Friedell, Kulturgeschichte Ägyptens und des alten Orients. Leben und Legende der vorchristlichen Seele, München 1963, S. 286.

336 Marx, Der achtzehnte Brumaire, S. 115.

337 In Reaktion auf meinen Artikel: Hindenburg auf dem Kyffhäuser. Geschichtspolitisches aus dem wilden Osten, in: Deutschland Archiv 43 (2010), S. 695–700.

338 Hermann Lübbe, Schreiben an den Verfasser vom 8. September 2010.

339 Hermann Lübbe, Der Fortschritt und das Museum, passim. Vgl. auch ders., Politischer Moralismus. Der Triumph der Gesinnung über die Urteilskraft, Berlin 2019.

340 Vgl. Martin Walser, Händedruck mit Gespenstern, S. 45. Ders., Über Deutschland reden, S. 76–100.

341 Gespräch mit Uwe Meyer, Pfingsten 2021.

342 Ronald Steller, Tübke-Panorama, Masterarbeit.

343 Bertolt Brecht, Ein Kinderbuch. Ausgewählt und zusammengestellt von Rosemarie Hill und Herta Ramthun. Illustrationen von Elizabeth Shaw, Berlin 2006, S. 58 f.

344 Generalfeldmarschall von Hindenburg, Aus meinem Leben, Leipzig 1920, S. 65.

345 Helmut Otto/Karl Schmiedel, Der erste Weltkrieg. Militärhistorischer Abriß, 4. Aufl. 1983, S. 451.

346 Aus dem Papierkorb der Weltgeschichte. Unglaubliche Briefe, gesammelt von Aaron Aachen (Archivar), 2. Aufl. 2020, S. 58 f.

347 „Immer Dieselben" – Motto der Vorgängereinheit des Potsdamer Infanterieregiments Nr. 9 sowie des heutigen Wachbataillons beim Bundesministerium für Verteidigung.

348 Erich Kästner, Wieso Warum? Ausgewählte Gedichte 1928–1955, Berlin/Weimar 1965, S. 173.

349 Die Zeremonie vor Hut auf Stange war keine boshafte Idee Gesslers, sondern ein übliches Ritual mittelalterlicher Legitimitätsbekundung. Vgl. Max Frisch, Wilhelm Tell für die Schule, Frankfurt am Main 1971, S. 60–67.

350 Vgl. Schneider, Hindenburg in Hannover, S, 274 u. 279.

351 Katharina Strautz, Reflexion zur Kyffhäuser-Exkursion im September 2021.

352 Vgl. Boym, The Future of Nostalgia, S. 241 ff.

353 Vgl. Christian Meier, Am Ende der alten Bundesrepublik, in: ders., Verschwinden der Gegenwart, S. 125–144, hier S. 133 f.

354 Hans-Peter Harstick „Ein Volk, Ein Reich, ein Kohl!" Die Niederlande 1989/90 im Bann der deutschen Frage, in: Steinbach, Wie der gordische Knoten gelöst wurde, S. 235–243.

355 Wolfe, Deutschlandreise, S. 9.

356 Vgl. Lübbe, Der Fortschritt und das Museum, S. 17.

357 Ebd., S. 14.

358 Vgl. Lübbe, Politischer Moralismus, S. 119.

359 Nietzsche, Die fröhliche Wissenschaft, in: KSA, Bd. 3, S. 360.

360 Vgl. Ritter, Notizhefte, S. 247.

361 Vgl. Kurt Tucholsky, Von Rheinsberg bis Gripsholm, Berlin 1965, S. 300.

362 Vgl. Walser, Über Deutschland reden, S. 88.

363 Nipperdey, Nationalidee und Nationaldenkmal.

364 Ernst Bloch, Geist der Utopie. Bearb. Neuaufl. der zweiten Fassung von 1923, Frankfurt am Main 1964, S. 17–19.

365 Vgl. Reinhart Koselleck, Nation oder Föderation? Erfahrungen der der deutschen Geschichte, in: Abschied von der Nation? Deutsche Geschichte und europäische Zukunft (Helmstedter Colloquien 5), hg. von Martin Sabrow, Leipzig 2003, S. 29–44.

366 Vgl. Ritter, Notizhefte, S. 233.

367 Vgl. Marquard, Schwierigkeiten, S. 13. Bezugsstelle bei Marx, Thesen über Feuerbach (1845): „Die Philosophen haben die Welt nur verschieden interpretiert; es kömmt drauf an, sie zu verändern", in: MEW, Bd. 3, S. 7.

368 Vgl. Wolfgang Held u. Heinz Sonntag, Das Thüringer Rostbratwurstbüchlein, Erfurt 1993.

369 Vgl. Ritter, Notizhefte, S. 78.

370 Vgl. Rodekamp, Geschichtsort Kyffhäuser.

371 Geschändetes Menschentum: ein Schweizer besucht Carl von Ossietzky im Konzentrationslager.

372 Vgl. Ritter, Notizhefte, S. 304 f.

373 Cioran, Lehre vom Zerfall, S. 7 f.

374 Vgl. Boym, The Future of Nostalgia.

375 Zit. n. Alexander Demandt, Geschichte bei Goethe.

376 Vgl. Rebekka Dieckmann, Hindenburgs Grab in Marburg: https://www.hessenschau.de/gesellschaft/hindenburgs-grab-in-marburg-irgendwo-muss-der-mann-ja-begraben-sein (20.02.2024), Sendung vom 5. September 2021.

377 „Denkmäler sind Stolpersteine“. Reinhart Koselleck zur neu entbrannten Debatte um das geplante Berliner Holocaust-Mahnmal, Bußübungen in Stein und die Zukunft der Gedenkkultur, in: DER SPIEGEL 6/1997.

378 Vgl. Florian Russi, Der Drachenprinz, Weimar 2004.

379 Cioran, Lehre vom Zerfall, S. 111 f.

380 Ders., Geschichte und Utopie, S. 116.

Abkürzungsverzeichnis

DKP	Deutsche Kommunistische Partei
D-Mark	Deutsche Mark
DNVP	Deutschnationale Volkspartei
DVP	Deutsche Volkspartei
F1	Friedrich I. (Barbarossa)
FDJ	Freie Deutsche Jugend
IM	Inoffizieller Mitarbeiter im Ministerium für Staatssicherheit
KOKO	Kommerzielle Koordinierung
KPD	Kommunistische Partei Deutschlands
LPG	Landwirtschaftliche Produktionsgenossenschaft
LTI	Lingua Tertii Imperii
NATO	North Atlantic Treaty Organization
NSDAP	Nationalsozialistische Deutsche Arbeiterpartei
NVA	Nationale Volksarmee
OHL	Oberste Heeresleitung
PDS	Partei des Demokratischen Sozialismus
POS	Polytechnische Oberschule
SA	Sturmabteilung
SBZ	Sowjetische Besatzungszone
SED	Sozialistische Einheitspartei Deutschlands
SS	Schutzstaffel
Stasi	Ministerium für Staatssicherheit
UdSSR	Union der Sozialistischen Sowjetrepubliken
VEB	Volkseigener Betrieb
W1	Wilhelm I.

Archivalien und unveröffentlichte Manuskripte

BArch – Bundesarchiv, hier der Standort Berlin Lichterfelde. Bestand Film: K-82536, 29.03.1933.

BStU – Behörde des Bundesbeauftragten für die Unterlagen des Staatssicherheitsdienstes der ehemaligen DDR. Akten zu Nutzung und Missbrauch des Kyffhäuserdenkmals.

Archiv des Kyffhäusergymnasiums Bad Frankenhausen: DENKMAL: Erinnerung, Mahnung, Ärgernis: Das Hindenburg-Denkmal – Projektmaterial/ Schülerarbeit des Kyffhäusergymnasiums Bad Frankenhausen (1992).

Axthelm, Sebastian; Feye, Ronny; Franke, Anna; Franke, Pierre; Schaadt, Toni: Der Burghof im Wandel der Zeit von 1890–1918. Seminarfacharbeit am Kyffhäusergymnasium Bad Frankenhausen, 2005. Betreut von Sabine Tölle und Jürgen Schweser.

Kreyer, Susann; Riesen, Sandra; Worgt, Juliane: Der Burghof – Schauplatz deutscher Geschichte 1918–1945. Seminarfacharbeit am Kyffhäusergymnasium Bad Frankenhausen, 2006. Betreut von Sabine Tölle und Jürgen Schweser.

Nds. Landesarchiv Wolfenbüttel, Best. 127 Neu, Nr. 4692: Kriegerdenkmäler Braunschweiger Land.

LATh – StA Rudolstadt – Landesarchiv Thüringen – Staatsarchiv Rudolstadt, Best. 613: Hindenburg auf dem Kyffhäuser.

LATh – HStA Weimar – Landesarchiv Thüringen – Hauptstaatsarchiv Weimar, Akten des Landes Thüringen 1945–1952, Ministerien und Büro des Ministerpräsidenten.

Universitätsarchiv Technische Universität Berlin: UA TUB 417, Nachlass Hermann Hosaeus, Nr. 78.

Regionalmuseum Bad Frankenhausen, Bildersammlung zur Stadtgeschichte.

Michael Ploenus, Aufzeichnungen zu Herbert Gottwald und der Kyffhäuserausstellung von 1996.

Toralf Schenk, Das Kaiser-Wilhelm Denkmal auf dem Kyffhäuser. Ein Symbol der Reichseinheit. Hausarbeit am Historischen Institut der FSU-Jena im SS 2001 (Manuskript).

Tagebuch der Marie Reichmann 1914–1946 – Privatarchiv Prof. Dr. Gerhard Schaumann (Tautenburg).

Gesprächspartner

Paul Breul (Remscheid/Bad Frankenhausen)
Christian Dellit (Erfurt)
Lara Hägerling (Braunschweig)
Prof. Dr. Hans-Werner Hahn (Aßlar)
Dr. Ulrich Hahnemann (Bad Frankenhausen)
Petra & Wolfgang Hecker (Artern)
Joachim Heuer (Hildesheim)
Birgitt Hoffmann (Ringleben)
Edgar Knobloch (Leipzig)
Bodo Krakowski (Helmstedt)
Paul Meyer (Kelbra)
Heike Münch (Bad Frankenhausen)
Dr. Michael Ploenus (Braunschweig)
Prof. Dr. Wolfram Pyta (Stuttgart)
Prof. Dr. Alexander Schwarz (Bad Harzburg)
Jürgen Schweser (Mühlhausen)
Dr. Martin Steinbach (Jena)
Sabine Tölle (Bad Frankenhausen)
Petra Wäldchen (Bad Frankenhausen)
Heike Weedermann (Rudolstadt)

Literaturverzeichnis

Spezielle Literatur zu Einzelfragen wurde in den Fußnoten aufgeführt.

Assmann, Aleida: Das Gedächtnis der Orte, in: Orte der Erinnerung: Denkmal, Gedenkstätte, Museum, hg. von Ulrich Borsdorf und Heinrich T. Grütter, Frankfurt am Main 1999, S. 59–78.

Axthelm, Sebastian u. a.: Der Burghof im Wandel der Zeit (s. Archivalien und unveröffentlichte Manuskripte).

Barthes, Roland: Mythen des Alltags, Frankfurt am Main 2012, S. 11.

Becker, Tobias/Stach, Sabine: Nostalgie. Historische Annäherungen an ein modernes Unbehagen, in: dies. (Hg.), Nostalgie [Zeithistorische Forschungen 18 (2021), H 1], Göttingen 2021, S. 7–20.

Behm-Blanke, Günther: Höhlen, Heiligtümer, Kannibalen, archäologische Forschungen im Kyffhäuser, Leipzig 1958.

Beaucamp, Eduard: Im Kreuzfeuer des deutschen Bilderstreits, in: Tübke, Wer bin ich, S. 113–120.

Berg, Stefanie Barbara: Heldenbilder und Gegensätze. Friedrich Barbarossa und Heinrich der Löwe im Urteil des 19. Und 20. Jahrhunderts, Münster 1994.

Boym, Svetlana: The Future of Nostalgia, New York 2001.

Brune, Thomas/Baumunk, Bodo: Wege der Popularisierung, in: Zeit der Staufer, Bd. III, S. 327–335.

Cioran, Emile: Lehre vom Zerfall. Übertragen von Paul Celan, Hamburg 1953.

Ders.: Geschichte und Utopie, 2. Aufl., Stuttgart 1979.

Clark, Christopher: Preußen. Aufstieg und Niedergang 1600–1947. Aus dem Englischen von Richard Barth, Norbert Juraschitz und Thomas Pfeiffer, München 2007.

Demandt, Alexander: Vandalismus. Gewalt gegen Kultur, Berlin 1997 Alexander Demandt, Vandalismus. Gewalt gegen Kultur, Berlin 1997.

Ders.: Geschichte bei Goethe, in: MERKUR 60 (2006) H. 684, S. 317–327.

Ders.: Apseudestata. Aphorismen zur Logik des Lebens, Berlin 2006.

Deutsche Erinnerungsorte. III Bde. Hg. von Etienne François/Hagen Schulze, München 2001.

Eberhardt, Hans: Die Kyffhäuserburgen in Geschichte und Sage, in: Blätter für deutsche Landesgeschichte 96 (1960), S. 66–103.

Engelskirchen, Lutz: Denkmal im politischen Raum. Das Kaiser-Wilhelm-Denkmal am Deutschen Eck in seinem Jahrhundert, 2. Bde., Berlin 2016.

Gerlach, Thomas: Hindenburg, die Kyffhäuser-Mumie, in: FAZ, Sonntagszeitung, 27.02.2005.

Görich, Knut: Barbarossa. Eine Biografie, München 2011.

Goltz, Anna von der: Hindenburg. Power, Myth and the Rise oft he Nazis, Oxford 2009.

Gottwald, Herbert: Ein Kaiserdenkmal im Sozialismus. Das Kyffhäuser-Denkmal in SBZ und DDR, in: Mai: Kyffhäuser-Denkmal 1896–1996, S. 235–261.

Grabolle, Roman/Hoßfeld, Uwe/Schmidt, Klaus: Ur- und Frühgeschichte in Jena 1930–1945: Lehren, Forschen und Graben für Germanien, in: „Kämpferische Wissenschaft". Studien zur Universität Jena im Nationalsozialismus, hg. von Uwe Hoßfeld u. a., Köln/Weimar/Wien 2003, S. 868–912.

Grimm, Jacob u. Wilhelm: Deutsche Sagen, 2 Bde. Berlin 1816.

Große, Peggy: Das Kyffhäuser-Denkmal, Regensburg 2018.

Haffner, Sebastian: Im Schatten der Geschichte. Historisch-politische Variationen aus zwanzig Jahren, München 1987.

Ders.: Geschichte eines Deutschen. Die Erinnerungen 1914–1933, München 2000.

Harz und Kyffhäuser. Braunschweig, Hermann Göring-Gebiet, Elm-Lappwald. Hg. vom Landesfremdenverkehrsverband Harz e. V., 33. Aufl., Braunschweig 1941.

Hindenburg, Paul von: Aus meinem Leben, Leipzig 1920.

Hindenburg-Denkmal für das deutsche Volk. Eine Ehrengabe zum 80. Geburtstage des Reichspräsidenten, hg. von Paul Lindenberg, Berlin 1927.

Hoegen, Jesko von: Der Held von Tannenberg. Genese und Funktion des Hindenburg-Mythos, Köln u. a. 2007.

Hussong, Ulrich: Hindenburg in Marburg, in: Skandal!? Stadtgeschichten aus Marburg im 20. Jahrhundert, hg. von Martin Göllnitz, Bielefeld 2021, S. 213–234.

Jünger, Ernst: Autor und Autorschaft, Stuttgart 1984.

Kaul, Camilla G: Friedrich Barbarossa im Kyffhäuser. Bilder eines nationalen Mythos im 19. Jahrhundert, 2. Bde., Köln u. a. 2007.

KSA = Nietzsche, Friedrich: Sämtliche Werke. Kritische Studienausgabe in 15 Einzelbänden, hg. von Giorgio Colli/Mazzino Montinari, München u. a. 1988.

Klemperer, Victor: Ich will Zeugnis ablegen bis zum letzten. Tagebücher 1933–1941, Berlin: Aufbau-Verlag, 1995.

Koselleck, Reinhart/Jeismann, Michael (Hg.): Der politische Totenkult. Kriegerdenkmäler in der Moderne, München 1994.

Ders.: „Denkmäler sind Stolpersteine“. Der Historiker Reinhart Koselleck zur neu entbrannten Debatte um das geplante Berliner Holocaust-Mahnmal, in: Der SPIEGEL 6/1997.

Kreyer, Susann u. a.: Der Burghof – Schauplatz deutscher Geschichte (s. Archivalien und unveröffentlichte Manuskripte).

Krumeich, Gerd: Sie liebten ihn alle. Anna von der Goltz bringt Neues zum Mythos Hindenburg, in: Süddeutsche Zeitung, 15.02.2010.

Ders.: Die unbewältigte Niederlage. Das Trauma des Ersten Weltkriegs und die Weimarer Republik, Freiburg im Breisgau 2018.

Leonhard, Jörn: Der überforderte Frieden. Versailles und die Welt, München 2018.

Lessing, Theodor: Geschichte als Sinngebung des Sinnlosen, München 1919.

Ders.: Hindenburg, in: ders., „Ich warf eine Flaschenpost ins Eismeer der Geschichte“. Essays und Feuilletons (1923–1933), hg. von Rainer Marwedel, Darmstadt 1986, S. 65–69.

Ludwig, Emil: Hindenburg und die Saga von der deutschen Republik, Amsterdam 1935.

Ludwig, Emil: Hindenburg. Legende und Wirklichkeit, München 1965.

Lübbe, Hermann: Der Fortschritt und das Museum. Über den Grund des Vergnügens an historischen Gegenständen, London 1982.

Ders.: Die Zukunft der Erinnerung. Über Vergangenheitsvergegenwärtigung, in: Heilung durch Wahrheit. Zum Umgang mit der Last der Vergangenheit (Helmstedter Kolloquien 4), hg. von Martin Sabrow, Leipzig 2002, S. 9–26.

Ders.: Geschichtsbegriff und Geschichtsinteresse. Analytik und Pragmatik der Historie, 2. Aufl., Basel 2012.

Ders.: Politischer Moralismus. Der Triumph der Gesinnung über die Urteilskraft, Berlin 2019.

Machtan, Lothar: Kaisersturz. Vom Scheitern im Herzen der Macht, Darmstadt 2018.

Mai, Gunther: Denkmallandschaft Kyffhäuser, in: Deutsche Erinnerungslandschaften. Rudelsburg – Saaleck – Kyffhäuser, Red. Anette Schneider, Halle 2004, S. 153–170.

Ders. (Hg.): Das Kyffhäuser-Denkmal 1896–1996. Ein nationales Monument im europäischen Kontext, Köln u. a. 1997.

Ders.: „Für Kaiser und Reich“. Das Kaiser-Wilhelm-Denkmal auf dem Kyffhäuser, in: ders., Das Kyffhäuser-Denkmal 1896–1996, S. 149–177.

Mann Golo: Bad Frankenhausen. Erster Besuch im Panorama-Gebäude, In: Tübke, Wer bin ich, S. 67–69.

Ders.: Deutsche Geschichte 1919–1945, Frankfurt am Main 1958.

Marcuse, Ludwig: Mein zwanzigstes Jahrhundert. Auf dem Weg zu einer Autobiografie, Zürich 1975.

Marquard, Odo: Apologie des Zufälligen, Stuttgart 1986.

Ders.: Schwierigkeiten mit der Geschichtsphilosophie. Aufsätze, Frankfurt am Main 1973.

Marx, Karl: Thesen über Feuerbach, in: MEW, Bd. 3, S. 3–7.

Ders.: Der achtzehnte Brumaire des Louis Bonaparte, in: MEW, Bd. 8, S. 111–207.

Meier, Christian: Das Verschwinden der Gegenwart. Über Geschichte und Politik, München 2001.

Meissner, Otto: Staatssekretär unter Ebert – Hindenburg – Hitler, Hamburg 1950.

Müller, Horst: Der Kyffhäuser. Aufnahmen von Hans-Dieter Kluge, Leipzig 1992.

Münkler, Herfried: Die Deutschen und ihre Mythen, Berlin 2009.

Niethammer, Lutz u. a. (Hg.): Die volkseigene Erfahrung: Eine Archäologie des Lebens in der Industrieprovinz der DDR. 30 biographische Eröffnungen, Berlin: Rowohlt, 1991.

Nietzsche, Friedrich: Sämtliche Werke. Kritische Studienausgabe in 15 Einzelbänden [KSA], hg. von Giorgio Colli/Mazzino Montinari, München u. a. 1988.

Nipperdey, Thomas: Deutsche Geschichte 1800–1918, 3 Bde., München 1990–1992.

Ders.: Nationalidee und Nationaldenkmal im 19. Jahrhundert, in HZ 206 (1968), H. 3, S. 529–585.

Oschmann, Dirk: Der Osten: eine westdeutsche Erfindung, Berlin 2023.

Pergande, Frank: Kyffhäuser, drin der Rotbart haust, FAZ, 27. Oktober 2019.

Ploenus, Michael: „Die Faszination des reichen Grabes". Günter Behm-Blancke (1912–1994). In: Matthias Steinbach, Michael Ploenus (Hg.): Ketzer, Käuze, Querulanten. Außenseiter im universitären Milieu, Jena 2008, S. 355–365.

Pünder, Hermann: Von Preußen nach Europa, Lebenserinnerungen, Stuttgart 1968.

Pyta, Wolfram: Hindenburg. Herrschaft zwischen Hohenzollern und Hitler, München 2007.

Ders.: Hitler. Der Künstler als Politiker und Feldherr. Eine Herrschaftsanalyse, München 2015.

Ders./Orth, Rainer: Nicht alternativlos. Wie ein Reichskanzler Hitler hätte verhindert werden können, in: Historische Zeitschrift 312 (2021), 2, S. 400–444.

Ders.: Krieg und Revolution. Historische Konstellationen seit der Französischen Revolution, Stuttgart 2022.

Raßloff, Steffen: Barbarossa. Kaiser und Sagengestalt, Ilmenau 2021.

Richter, Hedwig: Demokratie. Eine deutsche Affäre, München 2020.

Ritter, Henning: Notizhefte, 8. Aufl., Frankfurt am Main 2011.

Rodekamp, Volker: Geschichtsort Kyffhäuser. Konzept für eine Ausstellung im Besucherzentrum und Kyffhäuser-Burganlagen mit Kaiser-Wilhelm-Denkmal, Leipzig 2020.

Ruge, Wolfgang: Hindenburg. Porträt eines Militaristen, Berlin 1974.

Sabrow, Martin (Hg.): Erinnerungsorte der DDR, München 2009.
Ders.: Der „Tag von Potsdam". Zur doppelten Karriere eines politischen Mythos, in: Der Tag von Potsdam. Der 21. März 1933 und die Errichtung der nationalsozialistischen Diktatur, hg. von Christoph Kopke und Werner Treß, München 2013, S. 47–86.
Ders.: Nostalgie als historisches Zeit-Wort, in: Nostalgie [Zeithistorische Forschungen 18 (2021), H 1], hg. von Tobias Becker/Sabine Stach, Göttingen 2021, S. 140–150.
Ders.: Zeitenwenden in der Zeitgeschichte, Göttingen 2023.
Schalansky, Judith: Verzeichnis einiger Verluste, Berlin 2018.
Schleef, Einar: Gertrud, Frankfurt am Main 1980.
Schlögel, Karl: Im Raume lesen wir die Zeit. Über Zivilisationsgeschichte und Geopolitik, München 2003.
Schneider, Gerhard: Hindenburg in Hannover 1919–1925, Hannover 2019.
Schreiner, Klaus: Die Stauffer in Sage, Legende und Prophetie, in: Zeit der Staufer, Bd. III, S. 249–262.
Schulte, Benjamin: Veteranen des Ersten Weltkrieges. Der Kyffhäuserbund von 1918–1933, Bielefeld 2020.
Speitkamp, Winfried (Hg.): Denkmalsturz. Zur Konfliktgeschichte politischer Symbolik, Göttingen 1997.
Spengler, Oswald: Preußentum und Sozialismus, München 1925.
Steinbach, Matthias (Hg.): Wie der Gordische Knoten gelöst wurde. Anekdoten der Weltgeschichte historisch erklärt, Stuttgart 2011.
Ders.: Kartoffeln mit Flöte. Friedrich der Große. Stimmen, Gegenstimmen, Anekdotisches, Stuttgart 2011.
Ders.: Vergissmeinnicht oder Hindenburg in der Grube, in: ders., Wie der Gordische Knoten gelöst wurde, S. 201–208.
Ders.: Der Fall Hodler. Krieg um ein Gemälde 1914–1919, 2. Aufl., Berlin 2022.
Thamer, Hans-Ulrich: Straßennamen in der öffentlichen Diskussion. Der Fall Hindenburg, in: Fragwürdige Ehrungen!? Straßennamen als Instrument von Geschichtspolitik und Erinnerungskultur, hg. von Matthias Frese, Münster 2012, S. 251–264.
Ders.: Von der Monumentalisierung zur Verdrängung der Geschichte. Na-

tionalsozialistische Denkmalpolitik und die Entnazifizierung von Denkmälern nach 1945, in: Denkmalsturz. Zur Konfliktgeschichte politischer Symbolik, hg. von Winfried Speitkamp, Göttingen 1997, S. 109–136.

Tübke, Werner: „Wer bin ich?" Briefe an einen Freund. Mit einem Essay von Eduard Beaucamp und Golo Mann, hg. von Matthias Bormuth u. a., Göttingen 2021.

Ders.: Mein Herz empfindet optisch. Aus Tagebüchern, Skizzen und Notizen, hg. von Annika Michalski und Eduard Beaucamp, Göttingen 2017.

Vogel, Hugo: Erlebnisse und Gespräche mit Hindenburg, Berlin 1935.

Winkler, Heinrich August: Der lange Weg nach Westen, 2 Bde., München 2000.

Walser, Martin: Über Deutschland reden, Frankfurt am Main 1988.

Ders.: Händedruck mit Gespenstern, in: Stichworte zur geistigen Situation der Zeit, Bd. I: Nation und Republik, hg. von Jürgen Habermas, Frankfurt am Main 1979, S. 39–50.

Weigend, Friedrich u. a.: Keine Ruhe im Kyffhäuser. Das Nachleben der Staufer. Ein Lesebuch zur deutschen Geschichte, Stuttgart 1978.

Wette, Wolfram: Die propagandistische Begleitmusik zum deutschen Überfall auf die Sowjetunion am 22. Juni 1941, in: Der deutsche Überfall auf die Sowjetunion. „Unternehmen Barbarossa" 1941, hg. von Gerd R. Ueberschär, Frankfurt am Main, 2. Aufl. 2011, S. 111–129.

Wolfe, Thomas: Eine Deutschlandreise in sechs Etappen. Literarische Zeitbilder 1926–1936, hg. von Oliver Lubrich, aus dem amerikanischen Englisch übersetzt von Renate Haen, Barbara von Treskow und Irma Wehrli, München 2020.

Zeit der Staufer. Geschichte – Kunst – Kultur. Katalog der Ausstellung Stuttgart 1977/Württembergisches Landesmuseum, hg. von Reiner Haussherr, 5 Bde., Stuttgart 1977–79.

Zweig, Stefan: Sternstunden der Menschheit. Zwölf historische Miniaturen, Berlin/Weimar 1974.

Personenregister[1]

1 Auf Hindenburg und Hitler wurde wegen zu häufiger Nennung verzichtet.

Bill Niven

Jud Süß – das lange Leben eines Propagandafilms

Sachbuch

Der Propagandafilm „Jud Süß“ (1940) wurde von den Nationalsozialisten gezielt eingesetzt, um antisemitische Gewalttaten hervorzurufen – zum Beispiel in den Konzentrationslagern. Umso erstaunlicher ist es, dass der Regisseur Veit Harlan nach dem Zweiten Weltkrieg die antisemitische Stoßrichtung des Filmes leugnete.
Bill Niven schildert in seinem Buch u. a. die intensive Debatte um den Film – und um die Person Harlans – im Nachkriegsdeutschland. Demonstrationen in Westdeutschland in den 1950er-Jahren gegen Harlans Neueinstieg ins Filmgeschäft spielten eine wichtige Rolle bei der Entwicklung einer demokratischen Protestkultur und einer Abwehrhaltung gegenüber Antisemitismus. Im Nahen Osten aber fing Harlans Film ein neues Leben an – als antiisraelische Propaganda. Die Bundesrepublik reagierte auf diesen Missbrauch recht zögerlich.
Damit war aber die Geschichte des Films keineswegs zu Ende. Bis in die Gegenwart versucht man, anhand von „Jud Süß“ mit pädagogischen Mitteln aufzuzeigen, wie antisemitische Propaganda funktioniert – die Angst vor dem Film ist aber noch groß.

„Eine filmhistorische Arbeit zu lesen, die nicht nur ausgezeichnet und detailreich recherchiert ist, sondern deren Autor darüber hinaus auch eine klare Haltung zu politischen Vorgängen bezieht, ist eine erfreuliche Seltenheit.“

Johanne Hoppe, H-Soz-Kult